코로나 이후 에듀테크가 바꾸는 미래의 교육

에듀테크의 미래

에듀테크의 미래

코로나 이후 에듀테크가 바꾸는 미래의 교육

—

2021년 6월 25일 1판 1쇄 발행
2024년 3월 20일 1판 5쇄 발행

—

지은이 홍정민
펴낸이 이상훈
펴낸곳 책밥
주소 03986 서울시 마포구 동교로23길 116 3층
전화 번호 02-582-6707
팩스 번호 02-335-6702
홈페이지 www.bookisbab.co.kr
등록 2007.1.31. 제313-2007-126호

—

기획·진행 권경자
디자인 디자인허브

—

ISBN 979-11-90641-49-4 (03320)
정가 17,000원

책밥은 (주)오렌지페이퍼의 출판 브랜드입니다.

에듀테크의 미래

코로나 이후
에듀테크가 바꾸는
미래의 교육

홍정민 지음

책밥

지난 2020년 5월 마이크로소프트의 CEO 사티아 나델라(Satya Nadella)는 최대 규모 개발자 컨퍼런스인 '빌드 2020'에 대한 미디어 브리핑에서 "코로나19로 2년이 걸릴 디지털 전환이 2개월 만에 이루어졌다"고 말했다.

디지털로의 전환은 코로나19 이전에도 전 세계적인 흐름이었다. 전자상거래의 확장, 디지털 콘텐츠 시장의 보편화, 모바일 비즈니스의 성장 등은 이를 잘 설명해주고 있다. 기업이나 기관들은 이런 디지털 전환에 대비해 전략을 수립했고, 이를 실행해 나가고 있었다. 이런 시점에서 코로나19라는 엄청난 사건은 디지털 전환의 속도를 더욱 가속화시켰다.

교육 또한 예외가 아니다. 초유의 온라인 비대면 수업이 시작되었고, 기업의 오프라인 연수는 온라인으로 대체되었다. 교육과 기술의 결합인 에듀테크(EduTech, '교육'을 의미하는 'Education'과 '기술'을 의미하는 'Technology'의 합성어로, 인터넷 기술을 포함하여 4차 산업혁명을 대표하는 인공지능, VR/AR, 디지털 플랫폼, IoT 기술들을 교육에 활용하는 것을 의미한다.)라는 단어가 일반화되고 줌(Zoom), 웹엑스(Webex) 등 버추얼 러닝 플랫폼은 빠르게 우리 삶 속 깊숙이 자리 잡아갔다.

그렇다면 교육, 그리고 에듀테크는 과연 어떻게 변화해 나갈 것인가? 이를 조명해보기 위한 것이 바로 이 책에 담은 내용이다.

이 책에서는 크게 다섯 부분으로 나눠 교육과 에듀테크의 미래를 예측해보고자 한다.

우선, 교육 패러다임의 미래다. 산업화로 인해 만들어진 지금의 학교 시스템과 학벌 사회는 과연 어떤 패러다임을 맞이하게 될 것인가 조망해본다.

두 번째는 교사 역할의 변화와 미래를 살펴볼 것이다. 교사들은 콘텐츠 제공자로서의 역할을 위협받고 있다. 유튜브나 인공지능 로봇 강사의 등장 때문이다. 그들이 더 중요한 역할로 나아가야 함을 피력하고 그 이유에 대해 살펴보고자 한다.

세 번째는 교육 방법의 미래다. 에듀테크 기술의 발전은 인공지능, 디지털 플랫폼, VR이나 AR 등을 교육에 활용하며, 그 효과성과 활용성을 높이고 있다. 그렇다면 이런 에듀테크 기술의 발전은 교육의 방법을 어떻게 변화시킬 것인지에 대해 살펴보고자 한다.

네 번째는 교육 내용의 미래다. 디지털 시대, 4차 산업혁명 시대에 과연 산업화 시대에 만들어진 국어, 영어, 수학 중심의 교과목이 아직도 유효한 것인가? 이 책에서는 이를 고찰해보고자 한다. 그리고 유효하지 않다면 어떤 커리큘럼으로 미래의 인재를 육성해야 하는지에 대해서도 정리해보고자 한다.

마지막으로, 에듀테크의 미래다. 미래형 기술인 VR이나 AR, 뉴로사이언스, 메타버스, 햅틱스 등 다양한 기술들이 지속적으로 발전하고 있다. 이런 기술들이 교육과 결합해 어떤 변화를 일으킬 것인가를 예측해보고자 한다.

교육은 코로나19와 더불어 디지털 전환 시대를 맞이하고 있다. 더불어 교육은 큰 변화의 요구를 직접적으로 대면하고 있다. 19세기 교실에서 20세기 교사가 21세기 학생을 가르치는 지금의 교육 시스템은 큰 변곡점에 다가서고 있는 것이다. 이런 시점에 교육 종사자들과 교육에 관심 있는 독자들에게 이 책이 생각거리와 인사이트를 안겨줄 수 있으면 하는 바람이다.

아울러 책이 나오는 데까지 함께 고생해주신 출판사 관계자들에게 감사드린다. 그리고 마지막으로 응원해준 가족과 하나님께 감사드린다.

2021년 봄
홍정민 씀

EDUTECH

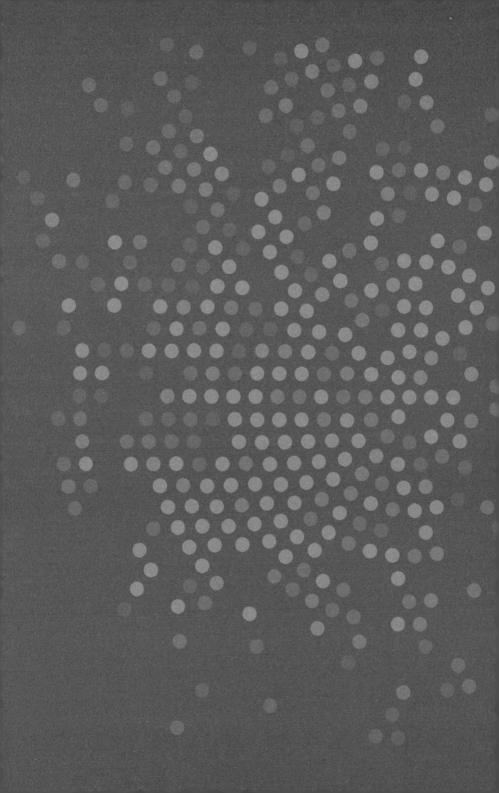

1장

EDUTECH

교육 패러다임의 미래:
간판이 아닌 역량의 시대

"

지금 학교에서 배우는 것의 80~90%
는 아이들이 40대가 되었을 때 그 필
요가 없어질 가능성이 높다. 인공지능
으로 세상이 혁명적으로 변화하고 있
지만 현재의 교육은 그에 대한 준비
를 전혀 하지 못하고 있다.

"

코로나19 이후 교육의 디지털 전환은 가속화되고 있다. 교육의 내용, 방법, 교사의 역할 등 많은 부분에서 변화를 맞고 있으며, 산업화 이후 우리 교육을 지배했던 표준화된 일방향 교육 또한 그 패러다임이 변화하고 있다.

이번 장에서는 지금과 같은 교육이 어떻게 생겼는지에 대해 알아보고, 급변하는 산업과 직업에 과연 학교와 대학, 그리고 직업 교육은 어떤 방향으로 나아가야 하는지 살펴보고자 한다. 또한 그동안 우리 사회에 뿌리 깊이 박혀 있던 학벌 중심의 사회에서 앞으로 어떤 패러다임으로 나아갈 것인지에 대해서도 고찰해보고자 한다.

19세기 학교, 21세기 학생

미국의 경제전문 매체 〈비즈니스 인사이더〉는 "구글, 애플, 넷플릭스는 더 이상 직원 채용에 4년제 대학 졸업장을 요구하지 않는다며, 앞으로 이것이 비즈니스의 표준이 될 것"이라 보도했다. 좋은 직장을 구하기 위해 학벌이 필요하고, 그 학위를 위해 전 국민이 혈안이 되어 있는 우리 사회에 경종을 울리기에 충분한 기사다. 전 세계를 이끌어가는 기업들이 인재를 채용함에 있어 더이상 대학 졸업장을 기준으로 삼지 않겠다고 선언한 것이다.

초·중·고 12년을 열심히 공부해서 좋은 대학에 들어가고 좋은 회사에 입사하는 과거의 공식들이 무너지고 있는 것이 현실이다.

2008년 우리나라를 방문한 미래학자 엘빈 토플러(Alvin Toffler)

는 "수많은 청소년이 하루 15시간 이상 학교와 학원에서 미래에는 필요하지도 않을 지식과 존재하지도 않을 직업을 얻기 위해 시간을 낭비하고 있다"고 말하며, 우리나라 교육 시스템을 강력하게 비판했다. 이런 경고가 이제 현실이 되어 가고, 그 현실이 디지털 전환 시대를 맞아 더욱더 속도를 내고 있다.

아쉽게도 이렇게 급변하는 현실 속에서 우리 학교의 모습은 오랫동안 그대로였던 것 또한 사실이다.

그렇다면 학교는 왜 그동안 변하지 않은 것일까?

우리는 지금의 근대 학교 시스템이 왜 생겼는지부터 먼저 살펴볼 필요가 있다.

지금과 같은 학교 시스템이 생긴 지는 그리 오래되지 않았다. 지금과 같은 학교가 생긴 것은 1885년 배재학당이 설립된 것을 기준으로 했을 때 140년 정도 되었다고 볼 수 있다.

근대 학교는 산업화로 인한 대량 생산 체제가 본격화되면서 시작되었다. 근대 학교 설계에 참여한 전문가들은 표준화와 컨베이어 시스템으로 대변되는 공장 시스템을 창시한 테일러의 추종자들이었다.

그들은 공장에 필요한 인력을 빠르게 배출하는 일이 교육이 최우선적으로 해야 할 역할이며, 예술가, 화가, 음악가, 철학가, 작가, 의사, 정치가들을 육성하는 것은 교육의 역할 중 후순위로 정리하고 있었다.

정규 교육의 목적이 '평균의 학생을 위한 표준 교육'이라고 주장했으며, 높은 사고력이나 창의력을 키우는 일보다 표준 교육이 중요하다고 강조했다.

이런 주장의 연속선상에서 세워진 근대 학교 모델은 공장을 모태로 만들어졌다고 해도 과언이 아니다. 학교 종이 땡땡땡 공장 종도 땡땡땡. 이 종소리는 쉬는 시간을 의미한다. 표준화된 상품을 흘려보내는 컨베이어 벨트에 따라 조립하듯이, 학교에서 아이들을 학년별로 묶어 1학년, 2학년, 3학년 이런 식으로 컨베이어 벨트에 흘려보낸다. 조립을 담당하는 공장 직원들도 표준화된 작업을 진행하는 것처럼, 학교에서 교사들도 똑같은 수업을 아이들에게 반복한다. 그렇게 '표준'이라는 단어인 'Standard'는 공장이 아닌 학교에서 시작되었다.

이렇게 만들어진 근대 학교 시스템은 산업화를 빠르게 정착시키는 데 지대한 역할을 해왔다. 이러한 교육 시스템이 없었다면 아마도 산업화가 이렇게 빠르게 완성되지는 못했을 것이다.

학교 시스템에 의해 인력을 공급받은 공장은 빠르게 돌아갔고 산업화 또한 그에 비례해 완성될 수 있었다.

학교는 19세기 산업화 시대에 인력을 양성하는 핵심 역할을 했다. 그리고 21세기 학생들 앞에도 이 19세기 학교가 여전히 존재

한다. 19세기와 똑같은 모습으로 말이다.

이제는 새로운 학교의 모습과 역할을 재정의할 필요가 있다. 21세기 학생에 맞는 21세기 학교의 모습을 설계해 나가야 한다.

인공지능이 더 잘하는
국어, 영어, 수학

"오늘의 학생을 어제의 방식으로 가르치는 것은 그들의 내일을 뺏는 것이다"라는 교육계의 거장 존 듀이(John Dewey)의 말처럼 우리 교육은 지금 변화 요구의 중심에 서 있다.

수많은 변화의 요구 중에 우선 풀어야 하는 과제가 바로 "무엇을 가르쳐야 하는가?"의 문제다.

현재의 학교 교육에서는 많은 부분을 국어, 영어, 수학에 할애하고 있다. 국어, 영어, 수학은 근대 학교가 설립되면서 지속적으로 강조해 가르쳐왔던 주요 과목이다.

국어, 영어, 수학이 중요했던 이유는 산업화 과정을 통해 만들어졌기 때문이다. 공장과 사무실에 투입되는 인력에게는 읽고,

쓰고, 계산하는 능력이 필요했기 때문이다.

산업혁명을 거치면서 우리 삶은 큰 변화를 겪게 된다. 삶의 터전이었던 농업이 기계화 과정을 거치면서 인간의 역할은 점점 축소되어 기존의 일자리를 잃게 된 것이다. 산업혁명에 의해서 농업 중심의 산업은 급격하게 제조업 중심으로 옮겨 갔다.

경제학자 대니얼 서스킨드(Daniel Susskind)는 자신의 책《노동의 시대는 끝났다(A World Without Work)》에서 1861년부터 150년 동안 영국 농업은 급성장했다고 말한다. 오늘날 영국 농업은 1861년에 비해 4배나 높은 생산성을 보여주고 있다. 하지만 그에 필요한 인력은 320만 명에서 38만 명으로 거의 10배 가까이 줄어들었다고 설명한다.

기계화로 인해 농업은 10분의 1의 인력으로 4배 가까운 생산성을 보여주는 산업으로 발전한 것이다. 기계화는 생산성 향상을 만들었지만, 농업이라는 산업에서 얻을 수 있었던 인간의 일자리가 사라진게 된 것 또한 사실이다.

산업화가 진행되면서 사람이 필요한 곳은 기계로 대체된 농업이 아닌 공장이었다. 이런 이유로 공장에서 일할 사람을 길러내는 것이 학교 교육의 중요한 역할이 된 것이다. 3R(Reading, wRiting, aRithmetic)이라 불리는 읽고, 쓰고, 계산하는 교육이 그 중심이 되었다. 이것이 국어, 영어, 수학 중심의 학교 수업이 이루어지게 된 계기다.

그렇다면 공장의 기반이 되는 산업인 제조업은 최근 어떤 변화를 맞고 있을까?

대니얼 서스킨드는 영국 제조업에 대해서도 설명하고 있는데, 영국의 제조업은 1970년도부터 고용률이 점점 하락하기 시작했다고 한다. 또한 1948년에 비해 영국 제조업의 생산량은 150% 증가했지만, 노동자의 수는 60% 감소했다고 주장한다. 오늘날 미국의 제조업도 1986년에 비해 생산량은 70%가량 증가했지만 해당 제품을 생산하는 노동자는 30% 감소했다. 2000년대 들어서 미국 제조업에서 사라진 일자리가 무려 570만 개에 이른다고 하니 가히 놀라운 수치라 하겠다.

오늘날 제조업 또한 빠르게 기계로 대체되고 있다.

그런데 지금의 우리 학교는 이 제조업이 중심이 되었던 시대에 설계된 학교다. 읽고, 쓰고, 계산하는 능력을 키워 공장에 보내기 위한 교과목들은 지금도 여전히 중요한 학습 과목으로 자리 잡고 있다.

19세기 인류는 농업이라는 일자리를 트랙터 등의 기계에 빼앗겼다면, 20세기 인류는 제조업이라는 일자리를 공장 자동화 등에 내주고 있는 셈이다. 더 나아가 21세기는 지식산업과 서비스 영역에서 인공지능이 인간의 일자리를 대체하게 될 것이다.

21세기 교육은 아직도 산업화 시대 공장에 필요한 국어, 영어, 수학에 집중하고 있다.

역사학자 유발 하리리(Yuval Harari)는 "지금 학교에서 배우는 것의 80~90%는 아이들이 40대가 되었을 때 그 필요가 없어질 가능성이 높다. 인공지능으로 인해 세상이 혁명적으로 변화하고 있지만 현재의 교육은 그에 대한 준비를 전혀 하지 못하고 있다"라고 주장한다.

지금 배우는 것의 80~90%인 국어, 영어, 수학 및 암기과목들은 분명 사람보다 인공지능이 더 잘하는 영역이다. 인공지능과 함께 살아가야 하는 아이들을 위해서는 이제 새로운 교육 과정이 필요하다.

한 가지 규칙은 확실하다. 그것은 '무엇을 가르치는가가 아니라 무엇을 가르치지 말아야 하는가'다. 즉 앞으로 인공지능이나 기계가 더 잘하는 영역은 가르칠 필요가 없다는 것이다.

국어, 영어, 수학의 기본적인 개념은 반드시 알아야 한다. 하지만 지금처럼 이들 과목 중심의 교육 과정은 개편되어야만 한다. 미래의 아이들이 인공지능과 함께 살아가기 위해서는 인공지능이 못하는 창의력, 커뮤니케이션 능력, 협업 능력, 종합적 사고력 등의 비중을 확대할 필요가 있다.

이런 교육 과정의 대표적인 예로 칸랩스쿨(Khan Lab School)을 살펴볼 수 있다.

칸랩스쿨은 수학 수업을 맞춤형으로 제공하는 온라인 무료 교육 서비스 칸 아카데미(Khan Academy)를 만든 살만 칸(Salman Khan)이 설립한 미래형 혁신 학교다.

칸랩스쿨의 교육 방식은 일반적인 학교와는 사뭇 다르다. 우선 연령에 따라 반을 나누지 않으며, 개인의 관심과 학습 능력에 따라 프로젝트 중심으로 수업을 진행한다. 이에 대해 칸 아카데미와 칸랩스쿨의 설립자 살만 칸은 "사람은 각자 배우는 속도가 다르다. 개념을 한 번에 이해하는 학생이 있고, 그렇지 않은 학생도 있다. 학교가 학생 개개인의 능력에 맞는 학습을 진행하면, 학생들은 결코 뒤처지지 않는다. 오히려 배움에 대한 의지와 열정이 생긴다"라고 언급했다.

이러한 철학 덕분에 학생들 역시 새로운 학습 경험을 할 수 있다. 온라인 수업의 경우 인공지능 기술을 바탕으로 일대일 맞춤형 학습 콘텐츠를 제공한다. 존이라는 학생이 칸랩스쿨에서 수업을 받는다고 가정해보자. 존이 일반적인 학교에 다녔다면 모든 과목을 자신의 학년에 해당하는 수준으로 친구들과 함께 들었을 것이다. 하지만 칸랩스쿨은 존에게 자신의 학년에 해당하는 커리큘럼을 제공하지 않는다. 대신 존의 지식 수준과 학습 능력을 고려해 수학은 1학년 1개월 차, 영어는 3학년 4개월 차, 역사는 5학년 2개월 차에 해당되는 학습 콘텐츠를 제공한다. 말 그대로 일대일 맞춤형 학습을 실현하고 있는 것이다.

오프라인 수업에서는 협업 능력, 창의력, 커뮤니케이션 능력, 종합적 사고력 등 인공지능이 하지 못하는 역량을 기를 수 있도록 상호작용 중심의 학습을 수행한다. 학생들은 프로젝트 기반의 학습을 진행하면서 학우들과 함께 문제를 해결하는 경험을 얻는다. 이런 경험들은 앞으로 인공지능과 함께 살아가는 역량을 쌓을 수 있도록 도와준다.

온라인 학습은 기존의 교과 과정을 최대한 에듀테크를 활용해 효율적으로 진행하고, 남는 시간에는 인공지능이 하지 못하는 영역의 학습을 친구들, 교사와 함께 해 나가는 것이다.

급변하는 직업,
변하지 않는 교육

획기적인 기술은 산업을 바꾸고 거기에 속한 직업까지 급격하게 변화시킨다.

1900년대 초반 뉴욕 5번가에는 교통 수단으로 활용되던 말이 골칫거리로 전락하고 있었다. 말의 배설물로 인해 연일 논쟁이 벌어지곤 했다. 이런 문제는 자동차의 등장과 함께 역사 속으로 사라진다. 2만 년 동안 교통 수단을 지배했던 말을 사라지게 하는 데 걸린 시간은 13년에 불과했다.

교통 수단으로서의 말은 1900년대 초반 대량 생산을 시작한 자동차의 등장과 함께 역사 속으로 사라졌다. 여기에 따른 직업들도 대대적으로 사라진다. 말을 달리게 하는 마부, 말 안장을 만드는 사람, 말굽을 수리하는 사람, 마차를 만드는 사람 등 말과 관련된 직업을 가진 사람들은 그들의 일자리를 잃었다.

오늘날 획기적인 기술들은 하루가 다르게 등장하고 있다. 인공지능, 로봇, VR, AR, 홀로그램, 모바일, 플랫폼 등이 그것이다. 이들은 거의 모든 산업을 빠르게 변화시키고 있는 것이 사실이다.

이러한 급변하는 산업을 반영하듯 2020 세계 경제 포럼(다보스 포럼)에서는 4차 산업혁명에 따른 일자리 지형 변화로, 2022년까지 현재 활용되는 핵심 업무 기술의 42% 이상이 신기술로 대체되고, 2030년까지 전 세계 3분의 1가량의 직무가 변화할 것으로 예상하고 있다.

세계적인 IT 컨설팅 회사인 가트너도 2025년까지 3분의 1의 인력이 로봇으로 대체될 것으로 예상하고 있다. 뉴욕증권거래소 주식 거래의 75% 이상이 로봇에 의해 이루어진다는 점 또한 사실이다.

인공지능과 로봇에 의한 자동화는 직업을 빠르게 변화시키고 있다. 이런 직업 변화에 중요한 영향을 미치는 또 하나의 요인은 바로 지식과 기술의 수명이 짧아지고 있다는 점이다.

미래학자 버크민스터 폴러(Buckminster Fuller)는 지식 2배 증가 곡선(Knowledge Doubling Curve)으로 인류의 지식 총량이 늘어나는 속도를 설명한다. 그에 따르면 인류의 지식 총량은 100년마다

인간의 수명 VS 지식과 기술의 수명

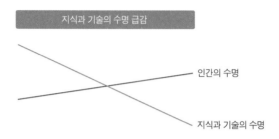

2배씩 증가했던 것이 1990년대부터 25년으로, 지금은 13개월로 그 주기가 단축되었다고 말한다. 더불어 2030년이 되면 지식의 총량이 3일마다 2배씩 증가할 것이라고도 주장한다. 이런 지식의 양과 속도의 변화는 직업 변화의 속도 또한 빠르게 하고 있다.

인간의 수명은 연장되고 있지만, 지식과 기술의 수명은 급격하게 짧아지고 있다. 인간의 수명보다 지식과 기술의 수명이 길었을 때 사람들은 한 가지 전공이나 기술을 활용해 평생 직업을 가질 수 있었다. 1년 배워서 10년 활용한다든지, 4년 배워 평생 동안 그 지식이나 기술을 활용하는 것이 가능했다. 하지만 지식과 기술의 수명이 짧아지면서 사람들은 한 가지 지식과 기술로는 삶을 영위할 수 없는 시대를 맞게 되었다. 여러 가지 지식과 기술을 지속적으로 학습할 수밖에 없는 상황이 오고 있는 것이다.

지식과 기술의 빠른 변화는 당연히 직업에도 영향을 미치고 있다. 마케팅을 하는 마케터는 불과 5~10년 전만 해도 신문광고 카피를 쓰거나 TV 광고를 기획하는 것이 중요한 업무였다. 지금의 마케터는 이런 일보다는 유튜브나 포털사이트에 키워드 광고를 하거나 마케팅 데이터 분석이 더 중요한 업무가 되고 있다. 같은 직업이라도 지식과 기술의 빠른 변화에 따라 업무 또한 변하고 있는 것이다.

기업들은 이런 변화에 대응하고자 자사 직원들의 육성에 직접 발 벗고 나서고 있다.

IBM은 MYCA(My Career Advisor)를 두어 직원의 현재 역량과 업무 경력을 기반으로 이동 가능한 커리어 개발을 돕고 있으며, 미국의 통신사 AT&T는 전사적 디지털 전환을 실현하기 위해 조직 구성원들을 대상으로 코딩, 데이터 사이언스, 클라우드 기반 컴퓨팅 등의 교육을 제공함으로써 이들의 디지털 역량을 개발하고 있다. 더불어 2013년부터 2016년까지 임직원 교육과 직업 능력 개발 프로그램에 연간 2억 5천만 달러를 투자했다. 아마존 또한 2025년까지 10만 명의 임직원들을 대상으로 한 디지털 기술 훈련에 7억 달러를 투자하겠다고 선언했다.

산업과 직업이 급변할수록 교육의 역할은 더욱 중요해지고 있다. 하지만 현재 급변하는 직업에 비해, 교육은 이를 따라가지 못하고 있다.

교육이 급변하는 직업에 대응하기 위해서는 무엇보다 학교 교육에서 평생 교육으로 그 중심의 이동이 필요하다. 2015년 미국 노동통계청 보고서에 따르면 미국인이 평생 갖는 일자리 개수는 11.7개, 영국인은 9개로 나타났다. 우리나라에서도 이미 평생 직장의 개념이 사라진 지 오래다. 2016년 5월 통계청 발표 자료에 따르면 29세 이하 청년층의 첫 직장 근속 연수는 평균 1년 6개월에 불과했다.

대학교에서 한 가지 전공을 하고, 평생 동안 한 가지 직업을 가질 것이라는 가정에서 벗어나야 한다. 대학의 역할도 대학생을 길러내는 것이 아니라 평생 직업 주기에 맞춰 고등 교육을 실시하는 것으로 그 역할을 확대해야 할 것이다. 또한 평생 교육 기관들의 양과 질을 확장해 나갈 필요가 있다.

앞으로는 일과 학습의 결합이라는 개념을 적용해야 한다. 산업화 시대는 일과 학습이 분리되어 있었다. 지식이 빠르게 증가하지 않기 때문에 연수원이나 학교에서 우선 가르치고, 이 내용을 바탕으로 현장에서 3~10년 정도 활용할 수 있었다.

최근 지식의 양과 속도는 엄청 빠르게 변화하고 있어 일과 학습이 분리된 형식으로는 한계가 있는 것이 사실이다. 디지털 기술을 적극적으로 활용해 업무 중 모르는 것이나 궁금한 것은 바로 학습·적용할 수 있도록 해야 한다. 이것이 HR 전문가인 조시 베르신(Josh Bersin)이 최근 강조한 '일터 내에서의 학습(Learning in the Workflow)'이라는 개념이다. 업무나 생활에 바쁜 학습자를 교육장으로 불러오는 것이 아니라, 교육자들이 디지털로 무장해 업무 현장에서 생기는 문제나 필요한 학습들을 해결하라는 말이다.

벚꽃 피는 순으로
사라질 대학

구글, 테슬라, 마이크로소프트, 페이스북, 애플, 우버의 공통점은 무엇일까?

우선 디지털 혁명을 이끄는 기업이라는 점이다. 그리고 이 기업을 창업한 이들이 모두 대학이나 대학원을 중퇴했다는 점이다. 구글의 창업자인 세르게이 브린(Sergey Brin), 테슬라의 일론 머스크(Elon Musk)는 모두 스탠퍼드 대학을 중퇴했다. 마이크로소프트의 빌 게이츠(Bill Gates)와 페이스북의 마크 주커버그(Mark Zuckerberg)는 하버드 대학을 중퇴했다. 애플의 스티브 잡스(Steve Jobs) 또한 리드 대학을 그만둔 것으로 유명하고, 우버의 트래비스 캘러닉(Travis Kalanick)은 캘리포니아 대학을 중퇴했다.

그러다 보니 세계적인 혁신을 이끄는 실리콘밸리에서는 대학을 중퇴해야 크게 성공한다는 우스갯소리도 나온다.

과거 우수 인재 발굴의 산실이었던 대학의 역할은 점점 줄어드는 것일까? 통계 데이터를 보면 대학의 미래는 더욱더 어려워 보인다.

아래의 그림은 1964년부터 2010년까지 미국 노동통계청의 데이터를 분석한 것이다. 4년제 대학의 학비와 대학 졸업자의 급여 추이를 비교한 것으로, 1980년대부터 대학 졸업자의 급여는 제자리인 반면 학비가 급격하게 증가하는 것을 볼 수 있다. 2010년에 들어서는 학비에 대한 투자에 비해 대학 졸업자의 수익은 절반에

대학 등록금 VS 대학 졸업자의 소득

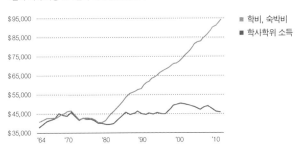

줄어드는 고등 교육의 재무적 가치
4년제 대학 비용 vs 4년제 대학 졸업생 소득

출처 : 미국 노동통계청 데이터(U.S. Census Data & DCES Table 345)

도 못 미친다. 투자 및 수익의 관점에서 보면 대학에 대한 투자 매력도가 점차 하락하고 있는 것이다.

우리나라의 학령 인구가 급감하고 있다는 사실도 대학에 위협이 되고 있다. 교육부 자료를 통해 입학 정원 대비 입학 가능 자원(재학생 및 재수생, 대학진학율로 추산)을 보면 입학 정원은 2018년 기준으로 47만 7,000여 명이었다면, 입학 가능 자원은 2021년 42만 명, 2023년 40만 명, 2024년 37만 3,000여 명으로 급감한다. 2021년부터는 입학 가능 자원이 대학 입학 정원을 밑돌기 시작해 그 속도가 빨라지는 형국이다.

벚꽃 피는 순으로 사라진다는 대학들의 자조섞인 농담은 이제 현실이 될 날만 기다리고 있을지 모른다.

세계적인 미래학자 토마스 프레이(Thomas Frey)는 "2030년 대학의 절반은 망할 것이다"라고 말하며, 그 이유를 "경쟁력을 잃어가기 때문이다"라고 주장했다.

대학이 서서히 사라질 것이라 전망하는 이들이 많다. 여기서 말하는 '사라지는 대학'이라 함은 지금의 모습을 고수하려는 대학을 의미한다. 토마스 프레이의 예측이 맞다면 절반은 사라지고, 절반은 남게 될 것이다. 그리고 살아남은 대학은 지금 시대의 경쟁력을 갖춰갈 것이다.

경쟁력을 갖추고 다시 태어날 대학은 새로운 모습이 될 가능성이 높다. 대학의 문제점을 해결해 나가는 다음과 같은 사례처럼 말이다.

MOOC: 대학에서 비싼 학위를 받아야만 할까

지금까지 대학의 가장 큰 경쟁력은 '강사의 질'이었다. 대학이 제공하는 교육 서비스의 핵심은 강의이고, 이로 인해 강사와 교수의 강의 능력은 대학의 가장 중요한 역량이었다. 이에 따라 최고의 교수와 강사를 채용하고 확보하는 것이 곧 대학의 경쟁력을 좌우했다.

하지만 MOOC(Massive Open Online Course)의 등장은 이와 같은 전통적 대학의 존재 의미와 경쟁력을 뒤흔들고 있다. MOOC는 MIT, 하버드, 스탠퍼드 등 세계 유수의 대학에서 제공하고 있는 강의를 온라인에서 무료로 학습할 수 있는 서비스다. 이러한 MOOC는 2012년부터 주목받기 시작했으며, 곧바로 글로벌 교육 환경에서 가장 뜨거운 감자로 떠올랐다. MOOC는 2018년 기준으로 900개 이상의 대학이 1만 1,400여 개의 프로그램을 제공하고 있으며, 등록한 학습자만 1억 100만 명에 달한다.

미네르바 스쿨: 대학에 넓은 캠퍼스가 꼭 필요할까

'하버드보다 입학하기 어려운 스타트업 대학'으로 알려진 미네르바 스쿨(Minerva School)은 '캠퍼스가 없는 대학'으로도 유명하다. 2011년 벤처사업가 출신인 벤 넬슨(Ben Nelson)이 설립하고 2014년 개교한 이 학교의 가장 큰 특징은 물리적인 교실이 없다는 점이다. 학생들이 수업에 참여하기 위해서는 온라인 환경에서 ALF(Active Learning Forum)라는 프로그램을 실행해야 한다. 이 프로그램에 접속하면 학생들은 모니터를 통해 담당 교수 및 학우들과 상호작용하며 학습을 수행할 수 있다.

학생들은 교실 대신 100% 온라인 환경에서 강의를 수강하며, 책, 뉴스, TED, 유튜브, MOOC 등을 통해 지식을 습득하고, 이를 바탕으로 온라인 환경에서 이루어지는 토론 수업에 참여하여 심층 학습을 도모한다. 모든 강의는 20명 이내의 학생들로 구성되고, 온라인 토론 수업은 온라인 강의의 단점을 보완할 수 있도록 설계된다. 또한 학생들의 참여도나 수업 기록들은 데이터로 기록되고, 이는 객관적인 평가 자료나 학생과의 상담 자료로도 활용된다.

모든 학생들이 기숙사 생활을 해야 한다는 점 역시 두드러진 특징 중 하나다. 이를 통해 학생들은 단순히 공부만 하는 것이 아니라 다양한 문화적 배경을 가진 이들과 교류하며 성장할 수 있다. 또한 기숙사 시스템은 학생들이 다양한 문화를 체험할 수 있도록 학년마다 다른 나라에 머물도록 구성되어 있다. 즉 1학년은 미국 샌프란시스코 기숙사에서 생활하고, 2학년은 한국의 서울과 인도의 하이데라바드, 3학년은 독일 베를린과 아르헨티나 부에노스아이레스, 4학년은 영국 런던과 대만 타이베이 등 총 7개 도시의 기숙사를 이동하며 생활한다.

미네르바 스쿨은 미국 켁대학원(KGI; Keck Graduate Institute)과의 제휴를 통해 4년의 교육 기간을 마친 학생들에게 정식 학위를 수여하며, 높은 인기 덕분에 이 학교의 합격률은 하버드 대학(5.2%), 예일 대학(6.3%), 스탠퍼드 대학(4.7%)보다 낮은 1.9%다. 매우 우수한 교육 서비스를 제공하면서도 연간 학비가 수업료, 기숙사비, 각종 수수료를 포함해 2만 8,000달러에 불과한 점 역시 높은 경쟁률의 요인이다. 프린스턴 대학의 연간 학비가 6만 4,000달러에 달한다는 점을 고려해보았을 때, 이는 매우 큰 경쟁력으로 작용한다.

이렇듯 짧은 역사와 캠퍼스 없이 온라인으로 교육을 진행하는 새로운 형태의 대학교가 100년 넘는 역사를 자랑하는 전통적인 대학들과 어깨를 나란히 하고 있다는 점은 눈여겨볼 만하다.

유다시티 나노-디그리: 대학이 꼭 4년제여야 할까

전통적인 학교의 개념을 무너트리고 있는 또 다른 흐름으로는 새로운 형식의 짧은 단위 학위 인증 프로그램인 나노-디그리

(Nano-degree)의 등장을 들 수 있다. 그리고 이 기저에는 '대학에서 공부하는 기간이 꼭 4년이어야 할까?'라는 의구심이 자리하고 있다. 이런 의구심에서 탄생한 것이 바로 나노-디그리다.

나노-디그리를 만든 유다시티는 실리콘밸리의 많은 기업들이 IT 인력의 부족으로 골머리를 앓고 있다는 점에 주목했다. 하지만 유다시티는 전통적인 대학들이 이 문제를 해결할 수 있다고는 생각하지 않았다. 실제 산업 현장에서 필요로 하는 역량과 대학에서 가르치는 지식 간에 적지 않은 간극이 있었기 때문이다.

유다시티는 이런 문제를 해결하기 위해 6개월에서 1년 미만이라는 짧은 기간 동안 교육 내용을 마스터하고 학위처럼 인증을 받을 수 있는 온라인 교육 프로그램을 개발했다. 교육 주제는 실리콘밸리에 위치한 기업들이 필요로 하는 웹 개발, 모바일 앱 개발, 데이터 과학, 머신 러닝 등이 주를 이루며, 해를 거듭할수록 그 외연을 확장하고 있다. 이와 같은 나노-디그리는 단기간에 실제 기업에서 필요로 하는 실무 역량을 함양하고 이력을 인정받을 수 있다는 점 때문에 인기를 끌고 있다.

나노-디그리를 더욱 특별하게 만들어주는 것은 구글, 페이스북, 액센추어, 버라이즌, AT&T, 골드만삭스 등 세계적인 기업과 채용 연계가 용이하다는 것이다. 유다시티는 이러한 IT 기업들의 자문을 받아 과정을 개발하고 있으며, 기업들은 이 프로그램을 이수한 수강생을 채용함으로써 직원 교육에 필요한 비용을 최소화하고 현업에 바로 투입할 수 있는 인력을 확보할 수 있다.

앞의 사례들은 대학이 가지고 있는 문제점들을 발 빠르게 전환해 새로운 모델을 제시한 사례라 할 수 있다. 이런 모델들은 앞으로 지속적으로 개발될 가능성이 높다. 대학과 대학, 대학과 스타트업, 기업과 대학의 경쟁 또는 협업을 통해 새로운 인재 육성의 모델들이 많이 개발되는 것이 우리에게는 반드시 필요하기 때문이다.

직업이 급변하고, 평생 학습이 필요한 시대에 대학과 같은 고등 교육 기관의 역할은 필수적이라 할 수 있다. 또한 기초 연구와 더불어 산학 연계를 통해 새로운 혁신을 창출하는 역할 또한 대학에서 할 수 있는 중요한 역할이다.

미래 대학의 모습은 우리가 보지 못했던 새로운 모습이 될 가능성이 높다. 오프라인에서 디지털로, 4년제 중심에서 짧은 학위 중심으로, 학비를 통한 수익 모델에서 새로운 공공의 모델로, 그리고 대학생 중심에서 평생 학습자 중심으로 이동할 것이다.

간판이 아닌 역량의 시대:
그 의미가 사라진 학벌 시대

산업화 시대를 지나 전문직이 각광 받는 시대에는 지식과 정보의 힘이 컸다. 그래서 돈과 시간을 들여 대학이나 교육 기관에서 지식과 정보를 사고, 이를 직장과 사회에 되팔아 자신의 삶을 영위해 나갔다. 지식과 정보가 중요하다 보니 어디서 누구에게 배웠느냐가 중요해졌고, 어느 학교에서 배웠느냐가 중요했다. 즉 학벌이 중요해진 것이다. 좋은 학교에 들어가기 위한 시험의 경쟁률은 치솟았다.

오늘날 지식과 정보는 어떠한가? 좋은 대학에 가야만 우수한 강의를 들을 수 있는 건 아니다. 스마트폰에 MOOC(코세라, 에덱스, 유다시티 등) 애플리케이션을 설치하고 수강신청을 하면 하버드나

MIT, 스탠퍼드 대학의 강의를 무료로 수강할 수 있다.

우수한 학교에서 제공하던 유명인사의 특강이나 취업 특강, 선배들의 성공 경험담 등도 이제는 학교에서만 들을 수 있는 것이 아니라 유튜브나 포털사이트에서도 쉽게 접할 수 있다.

디지털화로 지식과 정보는 빠르게 전달되고 있다. 고급 콘텐츠라 불리는 대학 강의 또한 MOOC를 통해 대중에게 오픈되고 있는 현실이다.

지식과 정보의 대중적 개방이라는 시대의 흐름은 학벌주의의 근간을 흔들고 있는 것이 사실이다.

유다시티의 창업자 서배스천 스런(Sebastian Thrun) 교수는 컴퓨터 공학을 200명의 스탠퍼드 대학생에게 가르쳤다. 이와 더불어 같은 내용을 MOOC를 통해 온라인으로 16만 명에게 가르쳤다. 스탠퍼드 대학에서 가장 우수한 학생의 점수는 MOOC 학생들 중 413등에 해당하는 성적이었다.

초·중·고교에 엄청난 시간과 비용을 투자하고 스탠퍼드 대학에 입학한 학생은 이제 더 이상 세계 최고의 컴퓨터 공학 강좌를 독점적으로 제공받을 수 없다. 그리고 어려운 입학사정을 통과해 일류 대학에 진학했기 때문에 이들의 역량이 다른 이들보다 훨씬 뛰어날 것이라는 학벌주의의 기본 가정도 위의 사례를 통해 그렇지 않다는 것을 보여주고 있다.

'학벌 = 능력'이라는 공식은 점점 무너져 가고 있다.

학벌 시대에 또 하나의 장점은 인맥이었다. 동문과 동창 모임, 동기 모임 등은 중요했다. 중요한 정보가 오고 가는 통로였기 때문이다. 이런 이유로 좋은 대학을 가고, 동료, 선배 및 후배들과의 인맥을 통해 지속적으로 고급 지식과 정보를 유지하는 것이 성공을 향한 지름길이었다.

이런 학연주의 역시 그 의미가 퇴색되고 있다. 과거에는 학연 또는 지연 등을 통해 오프라인으로 사람을 만나는 것이 대부분이었다. 하지만 디지털로 연결된 시대에는 관심사와 좋아하는 분야에 따라 얼마든지 새로운 디지털 인맥을 구축할 수 있다. 꼰대 선배와 생각이 다른 후배가 억지로 만날 필요가 없고, 자신이 좋아하는 분야의 사람들과 디지털로 연결될 수 있는 세상에 살고 있다.

학연이나 지연보다 어떤 블로그에서 활동하고, SNS 모임은 어디에 소속되어 있으며, 어느 디지털 카페에서 방장을 하느냐가 요즘 기업들이 보다 관심 있게 지켜보는 구직자의 스펙이다.

디지털 세상에서 지식과 정보의 제공 방식이나 사람이 모이는 방식의 변화는 학벌주의의 한계를 더욱더 명확하게 보여주고 있다.

이제는 학벌이라는 간판보다는 사람들의 실제적인 역량에 관심을 기울인다. 학벌은 성과와 연결되지 않지만, 역량은 성과와 직결되기 때문이다. 여기서 말하는 역량의 사전적 의미는 '어떤 일을 해낼 수 있는 힘'이다.

이제 초급, 중급, 고급의 교육 과정을 이수하게 하거나 대학원에 진학하도록 하는 것만으로는 전문가를 육성할 수 없다. 전문가로 성장하는 사람은 사람들과 스터디에 적극 참여하고, 신문을 스크랩하고, 지속적으로 관련 분야에 대한 인터넷 서핑을 하고, 다양한 책도 읽어 보고, 세미나에 참석하고, 동료들과 토론도 하고, 성찰도 하고, 현장 업무를 수행하는 등 다양한 학습 경험을 가지고 있어야 한다. 즉 무슨 교육을 이수했고 어떤 학위를 가지고 있는가가 아니라 얼마나 양질의 학습 경험을 했느냐가 그들이 전문가로 성장하는 데 중요한 핵심이라고 할 수 있다. 이런 다양한 학습 경험의 크기가 쌓여서 어떤 일을 해낼 수 있는 힘인 역량이 되는 것이다.

유튜버 디바제시카는 아프리카TV 최고의 영어 강사 중 한 명이다. 제시카는 통·번역과를 나와서 외국계 금융 회사에 취업했다. 그는 영어를 너무 좋아했기 때문에 업무 시간 외에 아프리카TV에서 영어 강좌 채널을 개설해 영어 강의를 시작했다. 반응은 폭발적이었다. 빠른 시간 안에 4천만 명 이상의 누적 학습자와 별풍선으로만 억대에 가까운 수입을 올리기 시작했다. 그녀는 퇴사 후 본격적으로 영어 강의를 하며 스타 강사 반열에 올랐다.

디바제시카는 사범대학 출신이 아니다. 그리고 교사 자격증도 없다. 영어에 대한 열정과 다양한 경험들을 교육 과정에 녹여냈고 최고의 영어 강사로 나아갈 수 있었다. 즉 영어 강의를 위한 자격과 학위가 아닌 영어 강의를 해낼 수 있는 힘을 키워 나갔기에 가능한 일이다.

유명 맛집은 음식이 맛있는 집이다. 간판이 멋있는 집이 아니다. 마찬가지로 학벌이라는 간판보다는 역량이라는 실질적 능력을 키우는 것이 무엇보다 중요하다.

역량의 시대를 이끄는
에듀테크

교육과 기술이 결합되는 에듀테크는 기술의 발전으로 인해 빠르게 성장하고 있다. 역량을 보다 쉽게 개발하고, 통합·관리할 수 있는 방향으로 다양한 기술과 결합된 서비스들이 등장하고 있다.

인공지능 기술: 일대일 맞춤형 학습의 구현

교육심리학 분야의 석학인 벤저민 블룸(Benjamin Bloom)은 그의 논문에서 교실 수업보다 일대일 맞춤형 학습이 훨씬 효과적이라는 연구 결과를 발표하며, 이를 교육이 꼭 해결해야 할 난제라고 주장했다. 이런 문제를 해결하기 위해 인공지능 기술을 활용하고 있는데, 그 대표적인 사례가 듀오링고(Duolingo)다. 듀오링고는 세계 1위의 어학 학습 무료 앱이다. 한국어로 영어를 배울 수 있으며, 영어 기반으로는 중국어, 스페인어, 프랑스어 등 세계 각국의 버전을 오픈하고 있다. 개인의 학습 데이터를 분석해 개개인에게 맞는 수준의 어학 학습을 제공하고, 맞춤형 수업 방식으로 문제를 풀며 어학을 학습할 수 있다. 듀오링고의 문제는 읽기, 쓰기, 듣기, 말하기 등 모든 영역에서 출제되며, 이를 토대로 어학 학습 전반의 능력을 향상시킬 수 있다.

IoT 센서: 일대일 맞춤형 학습의 고도화

VIPKID는 어린이를 대상으로 일대일 온라인 영어 과외를 제공하는 서비스다. VIPKID는 학습 중에 어린이의 학습 흥미도, 이해도를 파악하기 위하여 웹캠을 통해 표정 정보를 수집한다. 웹캠을 통해 실시간으로 얼굴 내 60여 개의 포인트 정보를 파악하고, 이를 인공지능이 실시간으로 분석하여 현재 학습 내용에 대한 흥미와 이해도를 측정하는 것이다. 이렇게 분석된 정보는 일대일 화상 영어 강의를 진행하는 강사에게 전달되는 것은 물론, 학습 이후에 성취도 평가를 위한 퀴즈와 심화 학습 제공에 반영된다.

로보틱스: 인공지능 로봇 선생의 등장

교육용 인공지능 개발 기업 AKA의 기술팀이 만든 뮤지오

(Musio)는 정해진 단어를 나열하는 기존 로봇과 달리 자연스러운 대화를 통해 언어를 가르치고, 스스로 진화하는 어학 교육 인공지능 로봇이다. 학습자들은 뮤지오를 통해 원어민 강사 수준의 대화를 진행할 수 있으며, 문법과 발음 또한 체크가 가능하다.

VR & AR: 학습에 몰입을 더하다

VR이나 AR과 같은 에듀테크 기술을 활용하는 부분은 학습 환경에 있어 현실감을 극대화하며 몰입도를 높이는 경우다. 구글의 익스페디션 프로그램은 VR로 만리장성에서 화성까지 다양한 지역의 모습을 현장 체험할 수 있도록 보여주고 있다. 또한 VR, AR의 강자로 알려져 있는 이온리얼리티는 교육 분야에 이어 다양한 가상현실 환경을 제공하고 있는데, 화학 실험실을 체험할 수 있는 가상의 공간 등도 서비스하고 있다. 과학 교육 분야와 증강현실이 접목된 사이언스 AR은 생물학, 지구과학, 지리학, 천문학 등 다양한 분야에 증강현실 콘텐츠를 제공하기도 한다.

소셜 VR: 가상공간에서 팀워크 훈련을

스킬리틱스의 항공 승무원 팀워크 향상 프로그램은 소셜 VR을 적용한 경우다. 이 프로그램과 VR 훈련의 차별점은 동시에 여러 명이 가상 환경에서 상호작용하며 학습할 수 있다는 것이다. 이

프로그램은 항공 승무원 8명이 실제 항공기를 그대로 재현한 항공기 안에서 다양한 개인 미션과 팀 미션을 수행하는 것을 내용으로 한다. 이를 통해 재난 상황 등에서 승무원 간의 효과적인 팀워크를 바탕으로 현실감 있게 훈련할 수 있다.

블록체인: 학위·자격 시대를 뒤집다

ODEM(On-Demand Education Marketplace) 서비스는 학생과 교수자 및 교육 서비스를 블록체인 기반으로 직접 연결하는 교육 플랫폼이다. 학생은 개인 이력서를 이곳에서 만들고, 이 플랫폼을 통해 다양한 교육 프로그램을 검색하고 구매할 수 있다. 학생들은 이 플랫폼을 통해 이수한 프로그램에 대한 인증서를 발급받는데, 이는 모두 블록체인에 게시되어 공유된다. 블록체인으로 학생들의 교육 이수 사항을 기업이나 교수들이 볼 수 있으며, 학생들은 손쉽게 자신의 이력서를 업데이트할 수 있게 된다. 학위나 자격 증명서를 일일이 가지고 다닐 필요 없이 통합·관리할 수 있으며, 이 외에 다양한 학습 활동에 대한 참여도 블록체인을 통해 통합·관리할 수 있게 된다.

디지털 플랫폼: 누구나 교사가 되고, 학생이 되는 교육 플랫폼 구현

에릭 슈미트(Eric Schmidt) 전 구글 회장은 "인류 문명이 시작됐을 때부터 2003년까지 창출한 정보의 총량이 이제는 이틀마다 창출되고 있다. 2020년에는 이러한 양이 2시간마다 창출될 것이다"라고 말하며, 지식의 양이 기하급수적으로 성장하고 있음을 강조했다. 하지만 이런 지식의 양과 속도에 기존 교육 시스템이 따라가지 못하고 있는 것이 현실이다.

에듀테크는 이런 문제의 해결책으로 디지털 플랫폼을 활용해 비정형 학습의 구현을 돕고 있다.

교사 혼자 가르치는 것이 아니라, 디지털 플랫폼으로 연결되어 모두가 교사가 되고, 모두가 학생이 되는 환경을 구축하는 것이다. 세계 최대 온라인 교육 플랫폼 유데미(Udemy)는 누구나 강사가 되고 누구나 학생이 되는 플랫폼을 지향한다. 2만 명의 강사와 4만 개 이상의 강의가 등록되어 있어 양질의 콘텐츠를 자랑한다. 또한 80개 언어로 서비스되고 있으며 우리나라에서도 서비스되고 있다. 'The academy of you!'를 모토로 하는 이 플랫폼은 1,200만 명 이상의 수강생을 보유한 사이트로도 유명하다.

에듀테크는 4차 산업혁명의 핵심 기술과 결합해 그동안 교육의 난제라 불렸던 일대일 학습, 비정형 학습, 학습 몰입의 문제를 해결하려 하고 있다. 실질적인 역량 향상을 위한 도구로써의 에듀테크는 위의 사례와 같이 지속적으로 발전하고 있다.

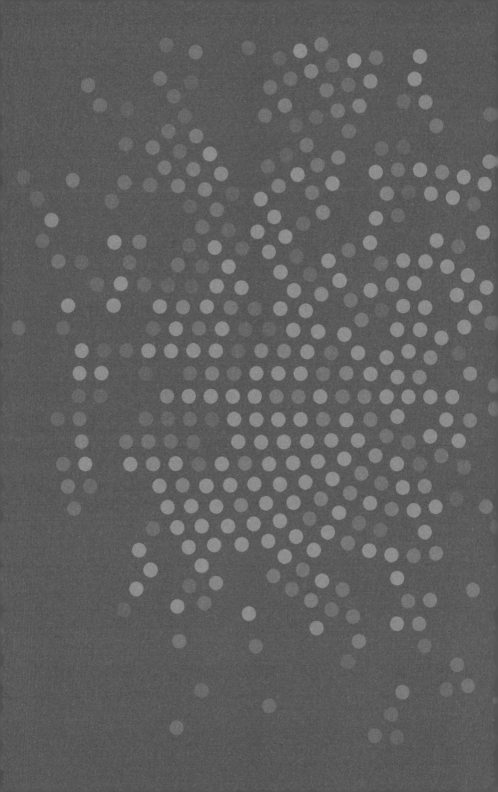

2장

교사 역할의 변화와 미래:
인간이기에 더욱 중요해지는 교사의 역할

"

교사의 역할은 앞으로 더욱더 중요

해질 것이다. 창의적인 인재, 종합적

사고력을 갖춘 인재, 4차 산업혁명

을 이끌어갈 인재를 길러내기 위한

교육을 위해 교사의 역할은 필연적

이다.

"

디지털 시대가 빠르게 진행될수록 우리는 인터넷을 통해 콘텐츠를 얼마든지 찾아볼 수 있게 되었다. 또한 교사와 학생과의 상호작용도 온라인상에서 자유롭게 이루어질 수 있다.

오프라인에서 콘텐츠를 전달하는 역할 중심의 교사는 새로운 역할로의 변화를 요구받고 있다.

디지털 시대로 접어들면서 교사는 더욱더 중요한 역할로 이동할 것이다. 가르치는 역할을 넘어 아이들과 함께 적용해보고, 분석·평가하고, 창조하는 새로운 역할로 자리 잡아 갈 것으로 예상한다. 또한 온·오프라인의 통합적인 학습 커뮤니티를 관리하는 매니저로서의 역할을 할 것이며, 디지털 기술의 도움을 받아 교사로서의 역량을 발휘하는 데 많은 지원을 받게 될 것이다. 무엇보다 감성과 인성 역량을 가르치는 역할도 강조될 것이다. 이번 장에서는 이러한 부분에 대해 전반적으로 살펴보도록 하자.

미래 교육에 있어서
교사의 역할

인공지능이 교육과 연계된 사례는 큐비나 아카데미(Qubena Academy)가 대표적이다. 큐비나 아카데미는 인공지능 기반의 수학 학원이다. 실리콘밸리의 IT 전문가 진노 겐키가 일본으로 돌아와서 만든 학원이다. 이 학원의 수업 시간에는 교사가 등장하지 않는다. 학생들은 태블릿 PC 기반으로 일대일 맞춤형 학습을 진행한다. 교사는 단지 모니터링만 할 뿐이다. 수강생들은 학원에 등원하면 자신에게 맞는 문제를 푼다. 문제를 풀 때는 태블릿 PC에 적도록 하는데, 이 풀이 과정을 인공지능이 그대로 읽어 학습자의 현재 수준을 진단하게 된다. 그리고 이 진단을 바탕으로 학습자 성장 단계에 맞게 다음 문제를 풀도록 하는 방식으로 진행된다.

일본 교육 과정에서 중학교 1학년 수학 수업 시간은 140시간으로 정해져 있다. 학원에 다니고 숙제하는 시간이 60시간이라면, 1년에 200시간이 소요된다. 하지만 큐비나는 평균 학습 시간을 24시간으로, 숙제하는 데는 8시간이 걸린다. 즉 32시간으로 중학교 1학년 수학을 마스터할 수 있게 해준다.

큐비나의 수학 문제 학습 시스템

출처 : https://qubena.com/service/math

인공지능을 활용해 학습 속도가 7배나 빨라지도록 한 것이다. 또한 이 학원에서 공부하는 학생의 80%가 성적이 향상되었다고 말하고 있다.

이러한 결과는 큐비나가 방대한 양의 데이터를 쌓은 것이 가장 크게 작용했다고 할 수 있다. 축적된 데이터는 해답 데이터만이 아니다. 손으로 적은 계산 과정, 해답에 필요한 시간 힌트를 읽었는지 그렇지 않은지까지 데이터화한다. 이를 통해 인공지능이 이 문제는 우연히 정답을 맞혔을 뿐 아직 의심스럽다고 판단되면 유사 문제를 출제하는 형식이다.

오답이라면 문제가 틀렸다고 그냥 넘기는 것이 아니라, 계산 과정에서 어느 부분을 어려워하는지, 실수한 부분은 어떤 부분인지 분석해준다. 그리고 그에 대한 대책을 마련하는 형식으로 이루어지는 것이다. 얼핏 보면 이 학원은 교사가 필요 없어 보인다.

하지만 진노 겐키 원장은 코치라 불리는 교사를 두고 있다. 인공지능이 가르치고 기억시키는 일은 더 잘한다. 교사는 가르치는 역할 외에 더 중요한 역할을 해야 한다며 코치에게 해당 역할을 부여하고 있다.

아이들은 반드시 코치 1명과 함께한다. 코치는 아이들에게 학습 목표를 부여하고, 목표 달성 방법을 제시해주는 역할을 한다. 더불어 학습에 방해가 되는 것은 제거해주고, 아이들과 공감하며 칭찬하고 격려하는 역할을 담당한다. 코치의 중요한 역할 가운데 하나는 아이들이 학습을 자기주도로 진행할 수 있도록 하고, 1회 수업에 반드시 2회 이상의 소통을 진행하는 것이다. 이 역할은 인공지능이 결코 대신할 수 없는 인간만이 가능한 역할이다.

큐비나 아카데미는 인간과 인공지능의 최적 조합을 만들어 아이들을 학습시킨다. 결과적으로, 효과적이고 효율적인 학습 방식을 만들어내고 있는 것이다. 또한 수학이라는 어려운 과목을 일대일 맞춤형으로 진행하기 때문에 낙오되는 아이들 없이 모두 이끌어갈 수 있다.

인공지능 기반의 학교인 실리콘밸리의 칸랩스쿨 또한 이런 시스템을 가지고 있다. 인지 영역은 디지털과 함께 학습하고, 교사는 학습 목표를 설정하고 관리하며, 학습 동기를 부여해주는 역할을 한다. 여기에 그치지 않고 4차 산업혁명 시대에 중요한 역량을 키우기 위해 프로젝트 학습과 협력 학습을 함께하는 역할을 담당한다.

우리 아이들의 성장, 그리고 미래 인재의 육성이라는 측면에서 인공지능이 가르치는 것이 옳은 것인가 아니면 인간이 가르치는 것이 옳은 것인가는 중요하지 않다. 한 사회의 미래를 육성해 나간다는 관점에서는 수단과 방법을 가리지 말아야 한다. 가장 잘 성장하고 육성하는 방식으로 최적의 학습 조합을 만들어야 한다.

큐비나 아카데미는 이러한 측면에서 미래 교사의 역할을 엿볼 수 있게 해준다.

교육학에는 벤저민 블룸이 제시한 학습 목표의 위계 이론이라는 것이 있다. 학습 목표에는 위계가 있으며, 기억-이해-적용-분석-평가-창조의 단계가 있음을 설명하고 있다. 교육의 가장 상위 목표는 학습자를 분석하고 평가하고 창조하는 데 있다고 말한다. 하지만 지금의 교육 구조는 입시라는 목표를 기억하고 이해하는 데 집중되어 있는 것이 사실이다. 이런 구조에서 교사들은 아이들과 함께 분석하고 창조하는 것을 도와주는 매우 중요한 목표 대신에, 입시를 위해 잘 외우고 이해시키고, 반복적으로 연습시키는 일에 집중한다. 인공지능 등의 에듀테크는 하위 목표인 기억하고 이해시키는 교사의 역할을 대체할 수 있다. 하지만 상위 교육 목표 영역은 인간만이 할 수 있는 영역이다. 앞으로 교사는 여기에 집중해야 하는 것이다.

밥 모서(Bob Mosher)와 콘래드 갓프레드슨(Conrad Gottfredson)이 강조한 '교육이 필요한 순간(Moment of Needs)' 또한 교사의 상위 목표로의 이동을 뒷받침해준다. 여기서 말하는 '교육이 필요한 순간'은 교육이 필요한 시점을 의미하는데, 처음 배울 때, 더 알고자할 때, 적용하려 할 때, 무언가 문제가 생겼을 때, 큰 변화가 필요

교사의 역할 변화

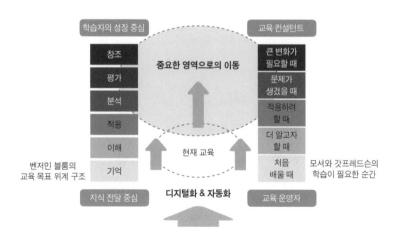

할 때를 말한다. 그런데 지금까지의 교육은 처음 배울 때만 지원해 왔다. 보다 학습자 친화적이고 교육 컨설팅의 역할을 하기 위해서는 문제가 생겼을 때, 무언가 큰 변화가 필요할 때 지원해주어야 한다. 기술은 처음 배웠을 때와 더 배우고자 할 때를 충분히 지원해줄 수 있다. 따라서 교사는 아래 영역이 아닌 더 큰 도움이 필요한 영역으로 이동해야 한다는 것이다.

종종 강연에서 "교사가 인공지능으로 대체되나요?"라는 질문을 많이 받는다. 그에 대해 나는 "그럴 일 없다"라고 답한다. 그러면서 다만 가르치고 암기시키는 교사는 대체될 것이라고 부언한다.

영국 옥스퍼드 대학 산하의 연구기관인 옥스퍼드 마틴 스쿨은 2015년 현재의 직업들이 4차 산업혁명으로 인한 인공지능 기술에 의해 얼마나 대체될 것인가를 조사해 발표했다. 〈매일경제〉가 2016년 이 연구를 도입해 우리나라의 직업 582개 그대로 적용해 본 결과는 다음의 표에서 확인할 수 있다.

표에서 보듯이 초등 교사는 인공지능으로의 대체율이 0.44%밖에 되지 않는다. 중등 교사 또한 1% 미만이다. 앞으로 교사의 역할이 더욱 중요해짐을 알 수 있게 해주는 부분이다.

교사의 역할은 앞으로 더욱더 중요해질 것이다. 입시가 목표일 때 교사의 역할은 강의와 행정 업무를 담당하는 것으로 축소될 수밖

대체 확률 상·하위 5개 직업

(단위: %)

직업	대체율	직업	대체율
전화상담원	99	상담치료사	0.31
스포츠 심판	98	사회복지사	0.35
은행창구 직원	98	외과의사	0.42
부동산중개인	97	초등학교 교사	0.44
택배기사	94	성직자	0.81

출처 : https://www.mk.co.kr/news/economy/view/2016/12/885079/

에 없었다. 하지만 창의적인 인재, 종합적 사고력을 갖춘 인재, 4차 산업혁명을 이끌어갈 인재를 길러내기 위한 교육을 위해 교사의 역할은 필연적이다. 암기시키고 이해시키는 역할은 에듀테크에 맡기고, 아이들 개개인의 학습 목표를 설정해주며, 학습 관리와 코칭을 통해 학습 동기를 부여하는 더욱더 중요한 역할로 변화할 때 그 위상은 점점 더 높아질 것이다.

가르치는 교사에서
학습 커뮤니티 매니저로

발명가 에디슨은 교육 분야에 있어서도 새로운 제품을 개발했다. '교육용 필름'이라는 영화 상영 방식을 통해 교육을 하면 학교 교육보다 훨씬 효과적일 것이라 생각했다. 하지만 그의 이 발명품은 실패했다.

교육용 영화라는 에디슨의 발상에 어떤 문제가 있었을까? 실제로 여러 지식인이 이 발명품은 실패할 것이라 예측했다. 가장 주목할 만한 인물은 교육학자 존 듀이다. 듀이는 교육은 일방적인 콘텐츠 전달이 아니라 현장에서 해보고 다른 사람과 상호작용하면서 배우는 것이 가장 좋은 방법이라는 사실에 주목했다. 그리고 그는 교육용 영화가 기발하기는 하지만 실용성과 효과성이 떨어진다고 했다. 진정한 학습은 수동적인 관찰이 아니라 능동적인 참여와 사회적 상호작용 과정이 필요하다는 점을 에디슨은 간과했던 것이다.

에디슨의 사례는 가르치는 것만으로는 학습자들의 배움이 완성되지 않는다는 것을 의미한다. 배움은 교사의 가르침도 있지만, 친구들과의 상호작용, 일상생활에서의 경험, 부모와의 대화 등 일상과 교육 현장의 다양한 상황에서 일어난다. 최근에는 디지털 매체의 발전으로 유튜브, SNS 등 다양한 채널을 통해 학습 노출이 급속도로 확장되고 있다.

그동안의 교육은 '강단 위의 현자(Sage on the Stage)'를 가정해, 교사에 의한 수업에 모든 것이 좌지우지되어 온 것이 사실이다. 좋은 콘텐츠는 교사가 가지고 있었으며 그들의 강의 실력과 지식에 따라 배움이 일어나는 정도 또한 천차만별이었다. 수업시간에 교사는 말 그대로 현자였다. 잘 가르치는 학교 밖의 교사들은 스타 강사의 반열에 오르는 것이 다반사였다.

지금의 시대를 디지털로 촘촘히 연결된 초연결 시대라고 말한다. 60억 단위의 사람과 사물이 서로 연결된 세상이다. 이 시기에도 과연 강단 위의 현자 모델이 교육에 적합한 모델이라고 할 수 있을까?

'강단 위의 현자' 모델은 공급자 중심의 일방향 수업에서 이루

소셜 러닝의 패러다임

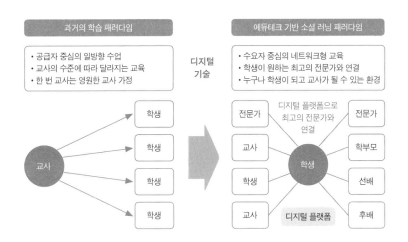

어겼던 부분이다. 하지만 최근 디지털 기술의 발달로 인한 초연결 시대의 도래는 이런 일방향 학습이 아니라 쌍방향 네트워크형 교육 패러다임을 제시하고 있다.

예를 들면, 김길동 씨는 브라질 농가에서 커피 재배 방법을 배우고 싶었다. 디지털이 없던 시절 그는 비행기로 20시간 이상을 이동하고, 공항에서 버스로 5~6시간을 다시 이동한다. 그리고 통역관을 대동해 커피 재배 방법을 가르쳐줄 농부를 만난다. 커피를 배우기 전까지 너무 많은 비용과 시간을 투자해야 했다. 하지만 지금은 어떤가? 김길동 씨가 조금만 적극적이라면, 브라질에 있는 농부에게 페이스북 친구를 신청한다. 그리고 다음과 같은 메신저를 보낸다. "커피 재배 농법에서 A라는 방법을 알고 싶은데 이에 대해 조언해줄 수 있나요? 가르쳐준다면 그에 상응하는 교육비를 지불하겠습니다."

이 글을 본 브라질의 커피 재배 농부는 A라는 커피 재배 농법을 동영상으로 촬영하고, 송금 사실을 확인한 후 콘텐츠를 유튜브에 올리고 링크 주소를 김길동 씨에게 전송한다. 디지털 시대에는 과거에 불가능했던 학습이 손쉽게 이루어질 수 있다.

이런 부분을 텍사스 대학 심리학과 교수인 조지 지멘스(George Siemens)는 교육학적으로 '연결주의(Connectivism)'라 설명하고 있다. 학습이 일어나는 것은 일방적으로 가르치는 것이 아니다. 디지털이 발달한 세상에서는 '가장 배우고 싶어 하는 사람'과 '가장 잘 가르칠 수 있는 사람'을 연결하는 것만으로도 교육이 이루어진다는 것이다.

연결주의에 기반한 대표적인 에듀테크 애플리케이션으로는 튜터링(Tutoring)을 들 수 있다. 영어 회화 공부를 하고 싶은 학생이 해당 애플리케이션에 접속하면, 기존에 등록된 교사와 매칭해주는 형식이다. 학생 입장에서는 우선 접속해서 자신의 수준을 진단할 수 있고 레벨에 맞는 교사를 고르기만 하면 된다. 일반 전화 영어나 영어 과외와는 달리 자신이 원하는 시간에 언제든 영어 학습을 진행할 수 있다는 점이 가장 큰 장점이다.

또한 그냥 연결하는 것이 아니라 스마트폰을 통해 스토리 카드를 보면서 대화할 수 있도록 한 부분은 단순한 연결이 아닌 교육적 연결을 십분 활용한 사례라 할 수 있다. 디지털을 통해 가격 또한 기존 전화 영어에 비해 3분의 1 수준으로 낮추고 있어 획기적인 프로그램으로 성장하고 있다.

튜터링 모바일 화면

출처 : tutoring.co.kr

앞으로 교사는 이런 연결주의에 주목할 필요가 있다. 콘텐츠를 직접 만드는 것이 아니라 학생에게 필요한 콘텐츠를 포털에서 찾아 제공한다든지, 학생들끼리의 모둠을 구성해 상호 학습할 수 있는 기회를 제공하는 등 디지털과 현실세계에서 연결의 힘을 최대한 활용해 교육의 효과를 극대화하는 것을 의미한다.

디지털 콘텐츠가 다양해지고 언제 어디서든 디지털로 연결될 수 있는 사회에서는 가르치는 교사보다는 학습 커뮤니티 매니저(Learning Community Manager)로 나아가는 것이 바람직하다.

가르치는 교사에서 학습 커뮤니티 매니저로 나아가야 함이란 어떤 것을 의미할까?

가르치는 교사에서 학습 커뮤니티 매니저로의 변화

가르치는 교사	학습 커뮤니티 매니저
콘텐츠 개발자	콘텐츠 큐레이터
프로그램 관리자	상호작용 촉진자
전문가	연결자
티칭	코칭

우선, 교사가 콘텐츠 개발자에서 콘텐츠 큐레이터로 변화해야 함을 의미한다. 유튜브나 포털사이트에는 교육적으로도 좋은 콘텐츠가 넘쳐나고 있다. 모든 콘텐츠를 직접 개발하는 것이 아니라 더 좋은 콘텐츠가 있다면 이것을 큐레이팅하는 것으로 학습자들에게 최고의 교육을 선사할 수 있을 것이다.

둘째, 프로그램 관리자에서 상호작용 촉진자로서의 역할을 해야 한다. 이는 학습자들이 교육 프로그램을 잘 따라오는지 관리하는 역할보다는 더 많은 배움이 일어나도록 유도하는 것을 의미한다. 학생과 학생, 교사와 학생, 학생과 디지털 매체 등 다양한 방법으로 상호작용을 설계하고 촉진해야 한다.

셋째, 전문가 역할에서 연결자 역할로 한 단계 더 업그레이드해야 한다. 학습자들이 필요한 부분을 전문가로서 알려주는 역할은 매우 중요하다. 이를 넘어서 새로운 경험과 인사이트를 줄 수 있는 자료, 사람, 영상 등을 지속적으로 연결해주고 학생들의 배움이 한 단계 더 성장할 수 있도록 도와주는 것이다.

마지막으로, 그동안 티칭이 중심이었다면 앞으로는 코칭이 중심이 되어야 한다. 스탠퍼드 대학 교육공학자 폴 김 교수는 "티칭하려면 티칭하지 말아야 한다"라고 주장한다. 자기 스스로 깨닫고 배움을 창출했을 때 그 배움이 오래가기 때문에 티칭은 최대한 자제하라는 것이다. 즉 지나친 티칭은 오히려 배움에 방해가 되기도 한다. 이처럼 학습자 스스로 배우고 성장할 수 있도록 적절한 방법과 적절한 시기에 코치 역할을 해주는 부분이 앞으로의 교육에서 더욱 강조될 것이다.

인간만이 가르칠 수 있는
감성과 인성

감성 지능이란, 자신과 타인의 정서를 이해하고 관리·통제할 수 있는 기술을 말한다. 뛰어난 감성 지능을 가진 사람은 조직에서 자기 자각, 동정심, 리더십, 끈기 등을 발휘한다. 특히 뛰어난 감성 지능을 가진 리더는 조직 환경을 생산적으로 바꾸고, 부하들에게 동기부여 하는 데 긍정적인 효과를 제공한다.

디지털 시대의 감성 지능은 기업에서 그 중요성이 더욱 높아지고 있는 것이 사실이다. 감성 지능은 기계로 대체될 수 없으며, 역설적으로 디지털화가 진행될수록 해당 역량은 더욱더 중요해지고 있다.

감성 지능은 어느 영역의 점수가 높다고 해서 무조건 좋은 것만은 아니다. 정서적 독립성(스스로에게 책임을 지고 남에게 의지하지 않으려는 성향)과 타인과의 관계성(타인을 배려하고 사람들과 좋은 관계를 맺으려는 성향)은 반대되는 감성 지능 영역이다. 이 둘의 균형이 맞고 상호 보완적으로 작용할 때 감성 역량이 성장하게 되고 감성 지능이 좋다고 할 수 있다.

자기 주장(자신의 주관, 감정, 가치관을 밖으로 드러내려는 성향)과 충동 통제성(자신의 주관, 감정, 가치관이 밖으로 표출되는 것을 억제하려는 성향)도 마찬가지다.

이런 감성 지능의 발달은 인간만이 가르쳐줄 수 있는 영역이다. 배워서 혹은 외운다고 해서 발달하는 영역이 아니라 끊임없는 상호작용을 통해 깨닫고 재조직화하여 실천하게 만드는 분야이기 때문이다.

디지털의 발달은 사람들 사이의 연결을 확대해주고 있으나, 깊이 있는 감정적 교감을 나눌 기회는 줄어들고 있다. 디지털 시대에 감성 역량이 더욱 중요하다고는 하지만 이 역량을 넓힐 기회들은 사라지고 있는 것이다.

교사와 학부모는 이 부분에서 그 역할을 더욱 확대해야 할 것이다. 아이들과 대화하고 공감해주고, 친구들과의 긍정적인 감성 교류를 촉진하는 등 다양한 방법을 통해 인간만이 가지고 있는 감성 역량을 키워나가는 것이 중요하다.

감성 역량과 마찬가지로 그 중요성이 더욱더 부각되고 있는 것이 바로 인성이다. 아무리 훌륭한 인재라 하더라도 인성이 잘못되어 있으면 그 역량을 나쁜 곳에 쓰기도 한다. 이런 경우 역량이 뛰어나지 않은 사람보다 사회에 미치는 악영향은 훨씬 크다.

최근 기업이나 조직에서 인성이 더욱 강조되고 있다. 기업 총수의 성희롱 사건, 기업체 임원의 갑질 행위, 조직 내 인사가 SNS에 올린 말이 구설수가 되는 경우 등 개인의 문제가 조직 전체의 브랜드에 영향을 미치는 사건들이 지속적으로 발생하고 있기 때문이다.

조직 내 한 사람의 문제가 SNS를 타고 급속도로 퍼져 불매운동으로 이어지기도 하고, 기업 총수나 CEO의 문제는 주가 폭락으로 연결되기도 한다.

인성 교육 또한 인간만이 가르칠 수 있는 분야다. 별도의 교육을 받는 것 외에 생활 속에서 자연스럽게 부모와 교사, 그리고 친구들을 통해 습득하는 것이다.

감성 교육과 마찬가지로 인성 교육 또한 교사는 더욱 신경을 써야 한다. 자신의 아이들이, 그리고 학습자들이 올바르게 성장할 수 있도록 안내하는 역할을 해야 하는 것이다. 감성과 인성 교육에 있어서 아이들에게 많이 노출되는 교사와 학부모의 역할은 그래서 더욱 중요하다. 그렇다면 감성과 인성은 어떻게 가르칠 수 있을까?

미국의 심리학자 앨버트 반두라(Albert Bandura)는 1961년 3~6세의 미취학 아동들을 대상으로 다음과 같은 보보 인형 실험을 진행했다.

서로 보이는 두 구역이 있다. 한 구역에는 성인이 들어가고, 다른 구역에는 아이가 들어간다. 오뚝이와 같이 쓰러지지 않는 풍선 인형 보보는 성인이 있는 구역에만 있다. 아이는 어른이 장난감 망치로 보보 인형을 때리는 것을 10분 정도 지켜보게 된다. 이 구역에 있던 아이들은 다른 장소에서 보보 인형을 보자 어른과 똑같이 장난감 망치로 인형을 때리기 시작했다.

다른 실험에서는 어른들이 보보 인형을 친근하고 조심스럽게 다루는 장면을 보여준다. 여기에 있던 아이들은 어른과 똑같이 조심스럽게 다루는 아이가 많았다.

이 실험은 아이들은 어른의 행동을 관찰하여 그대로 따라 한다는 것을 보여주는 실험이었다. 이를 앨버트 반두라는 관찰 학습이라고 한다.

감성과 인성 교육은 보여주는 방법이 가장 효과적이다. 우리가 외투 입는 방법을 가르칠 때 왼팔을 넣고 옷을 뒤로 돌린 다음 오

른팔을 넣는다고 말로 설명하는 것보다는 직접 입는 모습을 보여
주는 것이 훨씬 효과적인 것처럼, 감성과 인성 또한 교사와 학부
모가 직접 보여주는 것이 가장 효과적이다.

아이들의 성격에 문제가 있는 경우, 그 아이의 부모를 보면 똑
같은 경우를 종종 발견하게 된다. 아이들은 어른들을 똑같이 따
라 하는 관찰 학습을 하고 있기 때문이다. 따라서 교사와 학부모
는 아이들의 감성과 인성 역량 향상을 위해 자신의 감성과 인성
역량을 지속적으로 갈고 닦는 것이 필요하다. 아이들이 더 훌륭
한 감성과 인성을 갖게 하기 위해서는 가르치는 것이 아니라 보여
주는 것이 가장 좋은 방식이기 때문이다.

디지털을 다루는
아이언맨 교사의 등장

도구와 기술을 활용하면서 인간의 능력은 점점 확대되었다. 농업의 예를 들어 보자. 밭을 갈고 추수를 하는 일을 사람들이 알아서 다 하던 시절에는 인간의 힘과 체력이 농사 짓는 능력의 기준이었다. 그러다가 가축을 활용하기 시작했을 때는 소나 말이 농사 짓는 일에 가장 중요한 수단이었다. 소를 잘 키우고 보살피고 농사에 활용하는 일이 인간의 중요한 능력이 되었다. 트랙터와 같은 기계를 활용하게 되면서부터는 그 기계를 잘 다루는 것이 농사 기술에서 중요한 역할을 하게 된다. 최근에는 이를 넘어 드론이나 빅데이터가 농업에 활용되고 있다. 이런 농업 기술의 발전은 농부에게도 고차원적인 디지털 기술을 요구하게 되었다.

영화 〈아이언맨〉에서 주인공은 자비스라는 비서의 도움을 받아 자신의 능력을 극대화시킨다. 자비스는 Just A Rather Very Intelligent Service의 줄임말이다. 그냥 좀 똑똑한 서비스 정도로 해석할 수 있겠다. 하지만 영화에서 자비스가 보여주는 능력은 상상 그 이상인 경우가 많다. 홀로그램을 불러내고, 자연스러운 대화를 진행하며, 수트와 연결하여 전투를 지원하는 등 만능에 가까운 역할을 수행한다.

오늘날 교사들에게도 이런 방식의 수업이 가능하다면 어떨까? 아이들을 가르치는 데 있어서는 자비스와 같은 비서가 있어 "오늘은 어떤 과목을 얼마나 가르치면 될까?", "아이들의 성적 처리를 부탁해", "교육청에서 온 공문 처리해줘", "올해 교육학회에서 발표된 내용 중 수학과 관련된 내용 좀 정리해줄래?" 이런 종류의 질문에 답하고 반복되는 업무를 처리해주면 교사의 업무는 분명 줄어들게 될 것이다. 잡무에 시달리지 않고 아이들과 대화하고 함께 학습하는 보다 중요한 일에 집중할 수 있을 것이다.

코로나19로 인해 온라인 개학이 이루어지면서 교사의 디지털 역량 활용은 더욱 중요시되고 있다. 줌 등 디지털 도구 활용 역량에 따라 교육의 질은 천차만별이 되고 있기 때문이다. 라이브 강의를 그냥 강의로만 진행하는 교사가 있는가 하면, 디지털을 잘 활용하는 교사는 강의 진행과 더불어 채팅창을 활용하고 소그룹

토론방을 활용할 뿐만 아니라, 라이브 퀴즈 툴(카훗, 퀴즈앤 등)을 이용해 아이들과 문제 풀이도 진행한다. 라이브 토론 툴(패들렛 등)을 활용해 아이들과 상호작용 수업을 진행하고, VR이나 AR 툴(구글 익스페디션 등)을 활용해 만리장성이나 그랜드캐니언을 함께 체험하기도 한다. 실시간 설문 툴(멘티미터 등)을 활용해서는 간식 메뉴를 결정하고, 학습 지원 시스템(구글 클래스룸, 클라썸, 에드모도 등)을 이용해 체계적으로 학습 관리 및 심화 학습을 지원하기도 한다.

비대면 시대에 학생들은 어떤 유형의 수업에 더 효과적인 교육을 받았다고 말할 수 있을까? 디지털 전환 시대에 교사의 디지털 활용 역량은 더욱 중요해지고 있다.

뉴턴(Knewton)은 자비스와 가장 가까워지고 있는 교육 관리 시스템이다. 이 기업은 초등학생에서 대학생까지 교육 관리 시스템을 구축해주는 기업이며, 기존 교육 관리 시스템과는 달리 교육 행정 업무만 지원하는 것이 아니라, 학생들의 빅데이터를 기반으로 맞춤형 교육 방식을 교사나 학생들에게 시스템상으로 제공하는 것이 특징이다.

실제 이 기업의 시스템을 활용한 애리조나 주립대학에서는 17% 수료율 상승과 56%의 탈락률 하락을 가져왔으며, 노스이스턴 일리노이 대학에서도 수학 과목에 있어 학생들의 성적이 평균 12.5점 향상하는 등 맞춤형 학습 시스템의 효과를 증명하고 있다.

뉴턴이 제공하는 특징적인 서비스는 크게 세 가지를 들 수 있는데, 우선 학생들이 해야 할 다음 과제를 시스템상에서 보여준다는 점이다. 학생 및 교육 분석 데이터를 기반으로 개별 학생의 현재 수준과 이 학생이 다음번에 수행해야 할 과제를 추천한다. 두 번째는 학습 데이터 분석 자료를 한눈에 보여준다는 것이다. 교사가 이 시스템의 빅데이터를 바탕으로 "다음 주 수요일 교실에서 문법 시험이 예정되어 있는데, 학생들의 평균 점수는 79점으로 예측되며 목표에 도달하기 위해서는 2시간 정도의 학습이 필요하다"고 말하는 것이다. 그리고 "아주 못 미치는 학생은 5명, 잘 따라오지 못하는 학생은 8명, 잘 따라오는 학생은 20명, 최상위권에 있는 학생은 3명" 이런 식으로 시각화하여 한눈에 보여주는 시스템이다. 세 번째는 콘텐츠에 대한 분석 정보를 정리해주는 것인데, 교사가 제공하는 콘텐츠의 이수 여부 또는 접속 정도를 분석해 콘텐츠의 난이도와 몰입도 등을 보여주고 콘텐츠를 개선하는 데 도움을 준다.

뉴턴과 같은 학습 관리 시스템은 지속적으로 발전하여 교사를 지원하고 있다. 이런 시스템을 잘 활용하는 교사는 지금의 역량을 배가시켜 나갈 것이 자명하다. 에듀테크 기술의 발전은 아이언맨 교사의 등장도 기대해볼 수 있게 해주고 있다.

에듀테크는
기술에 불과하다

중국 초(楚)나라에 화씨(和氏)라는 사람이 옥돌을 발견하여 여왕(厲王)에게 바쳤다. 왕이 옥돌을 감정하게 했더니 '보통 돌'이라고 했다. 화씨에게 속았다고 생각한 여왕은 그에게 월형(발뒤꿈치를 자르는 형벌)을 내렸고, 화씨는 오른쪽 발을 잃었다. 여왕이 죽고 무왕이 즉위하자 화씨는 다시 그 옥돌을 바쳤으나 왼쪽 발마저 잃었다. 화씨가 사흘 밤낮을 울다 피눈물까지 흘리니, 다음에 즉위한 문왕이 사람을 보내 그 이유를 물었고 화씨는 이렇게 답했다.

"보옥을 돌이라 하고, 곧은 선비에게 거짓말을 했다고 한 것이 슬픈 것입니다."

문왕이 그 옥돌을 다듬게 하니 마침내 천하의 보옥이 드러났고, 그 이름을 '화씨지벽(和氏之璧, 화씨의 옥)'이라 했다. 화씨의 불운에 대해 중국의 사상가 한비자는 이렇게 말했다.

"화씨가 비록 아름답게 다듬지 않은 옥돌을 바쳤다 해도 왕에게 해가 될 것은 없다. 그러나 두 발이 잘리고 나서야 옥돌로 인정받았으니 보배로 인정받기란 이처럼 어려운 것이다."

에듀테크도 마찬가지로 화씨지벽이 될 수 있다. 아무리 기술이 훌륭하다 하더라도 그것을 사용하는 사람은 교사다. 사용자가 그 기술을 알아보고 다듬지 않으면 사장될 수밖에 없다.

기술을 알아보는 것도 중요하지만, 그 기술에 너무 많이 매몰될 필요는 없다. "VR을 교육에 활용하려면 어떻게 할까요?", "인공지능을 교육에 활용하고 싶은데요?" 이런 질문들이 나올 때마다 한 가지 확실하게 짚고 넘어가는 것이 있다.

"기술에 집중하지 말고 학습자와 학습 목표에 집중하세요."

자칫 기술에 현혹되어 그 기술을 억지로 교육에 적용하려는 경우가 있다. 하지만 이는 올바른 접근 방법이 아니다. 에듀테크는 교육과 기술이 결합된 용어지만 '에듀'라는 교육이 우선이고, '테크'라는 기술은 교육을 지원하는 수단에 불과하다.

에듀테크 기술을 적용할 때 우선 학습자의 특성을 고려하고, 그들이 달성하고자 하는 학습 목표를 위해 기술만을 적용하면 되는 것이다.

만일 학습자의 심신이 지쳐 힐링 교육을 진행해야 한다면, 어쩌면 아무 기술도 쓰지 않고 숲속으로 그들을 보내는 것이 가장 적절한 교육 방법일 것이다. 에듀테크를 하나도 활용하지 않는 것이 가장 적절한 교육 방법일 수 있다.

학습 목표와 학습자에게 맞는 적절한 에듀테크 기술을 활용하는 것이 디지털을 활용하는 교사의 역할인 것이다.

의사가 환자를 진료할 때 환자에게 맞는 다양한 처방을 쓴다. 주사를 처방하기도 하고, 약을 투여하기도 하고, 입원이나 물리치료를 권하기도 한다. 즉 환자 상태에 맞는 적절한 치료법을 쓰는 것이다. 교사도 마찬가지다. 우리 학생들의 상태에 맞는 처방이 필요하다. 매번 똑같은 방식으로 교육하는 것이 아니라 상황에 맞게, 즉 학습자와 학습 목표, 그리고 교과목의 특성에 맞는 기술의 처방을 적절히 활용하는 것이 중요하다.

가장 중요한 것은 사람이고 교육이다. 기술은 이를 받쳐줄 뿐이다.

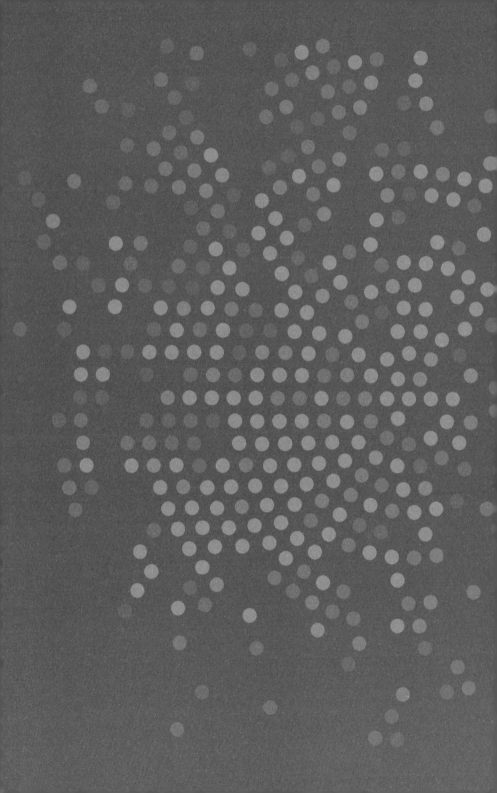

3장

EDUTECH

교육 방법의 미래:
에듀테크가 바꾸는 미래 교육

"

비대면 환경, 디지털 환경에서는 수동
적 학습자가 아닌 자기주도적 학습자
를 전제로 한다. 학습의 주도권을 교
사가 아닌 학습자가 갖는 것이다.

"

코로나19는 교육 방법을 디지털로 빠르게 변화시키고 있다. 콘텐츠의 경우 오프라인 교육이 이러닝, 마이크로 러닝, 버추얼 러닝, 플립 러닝의 형태로 이동해 갔다. 오프라인 교육이 가장 효과적인 방법인 것은 사실이지만, 코로나19라는 상황과 디지털 전환의 속도는 콘텐츠의 디지털 이동을 더욱 빠르게 하고 있다.

콘텐츠가 디지털로 변화하는 시점에 학습을 지원하는 방식 또한 온라인에 적합하도록 바뀌어야 한다. 오프라인 교육은 교실이라는 공간을 기본으로 가정한다. 하지만 디지털 기반의 경우 플랫폼이라는 온라인 공간을 기본으로 하고 있다. 따라서 학습의 방식은 오프라인 교육을 기반으로 한 전달형 학습이 아니라, 디지털 공간을 기반으로 한 새로운 학습 지원 방식으로 바뀌어 가고 있다.

맞춤형 학습, 함께하는 학습, 그리고 몰입형 학습이 디지털 공간에서의 새로운 학습 지원 방식으로 주목받고 있다.

교육 방법의 변화는 에듀테크 산업 자체의 변화를 촉발하고 있다. 테크놀로지로 인해 교육 시장 간 경계가 무너지고, 에듀테크 기업이 교육 외 산업과의 경계를 넘나들며 급격하게 성장하고 있다. 이번 장에서는 에듀테크가 바꾸고 있는 교육 방법의 미래에 대해서 살펴보도록 하자.

디지털 시대
교육 방식의 변화

스타트업과 기술 분야 뉴스를 다루는 〈테크크런치(TechCrunch)〉가 발표한 자료에 따르면, 2018년 전 세계 음원 시장에서 디지털 스트리밍 방식이 전체 시장 점유율의 50% 이상이라고 한다.

인터넷이 등장하기 전에는 음원 시장의 대부분이 음반 시장이었다. 2000년에 들어서 본격적으로 인터넷이 활성화되기 시작하면서 디지털 음원 시장이 커지기 시작하고 디지털화가 속도를 내면서 음반 시장은 점점 줄어들고 있다. 반면 디지털 시장은 디지털 다운로드에서 스트리밍으로 옮겨가면서 점차 늘어나고 있는 현상을 확인할 수 있다.

디지털화가 진행되면 될수록 콘텐츠 시장은 채널이 더욱 다

전 세계 음원 시장의 현황

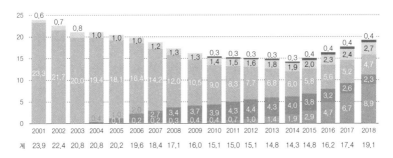

출처 : https://techcrunch.com/2019/04/02/streaming-accounted-for-nearly-half-of-music-revenues-worldwide-in-2018/

양해지는 특성이 있다. 소비자들은 기술 발달의 혜택을 받는다. 그래서 그들이 원하는 채널로 자신이 원하는 콘텐츠를 즐긴다. 2000년대 초반 대부분의 사람들이 음반을 통해 음악을 들었다면, 지금은 음반, 디지털 음원 다운로드, 스트리밍 서비스, 공연, 유튜브 등을 통해 자신이 원하는 채널로 자유롭게 음원 콘텐츠를 즐기고 있다.

영상 콘텐츠 또한 마찬가지다. 2000년대로 거슬러 올라가면 사람들은 대부분 영상 콘텐츠를 지상파 TV를 통해 소비했다. 하지만 디지털화가 진행되면서 지상파, DVD 플레이어, IPTV, 유튜브, 넷플릭스, 포털사이트, SNS, 영상 다운로드 서비스 등 자신이 원하는 채널로 다양하게 영상을 즐긴다.

교육 콘텐츠는 어떨까

미국의 기업 교육 시장 모습을 보면 음원과 영상 콘텐츠 시장이 다양한 채널로 동일하게 콘텐츠를 소비하는 변화를 엿볼 수 있다. 오프라인 중심의 기업 교육에서 다양한 채널을 통해 교육 콘텐츠를 소비하는 시장으로 바뀌고 있는 것이다.

2009년 77%이던 오프라인 교육 점유율이 2015년에는 32%까지 하락했다. 그리고 라이브 강의인 버추얼 클래스룸은 4%에서 13%까지 그 점유율이 상승하고 있다. 온라인 교육의 경우 2009년 10%에서 2015년 26%로 6년 만에 2배 이상 증가했다. 오프라인 중심 기업 현장 교육에서 디지털을 포함한 다양한 채널로의 교육 콘텐츠 변화는 지속적으로 확장되고 있는 것이다.

콘텐츠 시프트

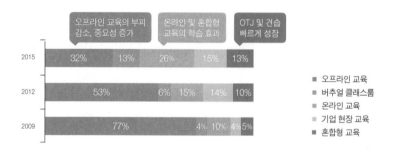

출처 : https://www.slideshare.net/jbersin/the-disruptive-nature-of-digital-learning-ten-things-weve-learned/48-
775332461310152641415510132009201220152015ILTVirtual_ILTOnline_selfstudyOn_the_JobCollaborationILT

이는 미국뿐만 아니라 중국도 마찬가지다. 〈2018 중국 기업 온라인 학습 흑서〉에 발표한 자료에 의하면 중국 기업 교육 시장 역시 다양한 채널로 발전하고 있는 것을 볼 수 있다. 2018년에 중국 기업 교육 시장을 보면 오프라인 교육이 23%, 온라인과 오프라인이 결합된 혼합형 교육이 26%, 온라인 교육이 40%, 라이브 교육이 11%를 차지하고 있는 것으로 나타났다.

반면 우리나라 교육은 이런 다양한 채널로의 변화가 더딘 것이 사실이다. 대부분의 기업 교육과 학교 교육은 오프라인 중심으로 이루어져 왔다.

코로나19는 다양한 채널로 변화하는 콘텐츠 시장과 역행하는 우리나라 교육을 한꺼번에 바꿨다. 팬데믹으로 오프라인 교육이 불가능해지자 온라인 교육을 반강제적으로 시행하게 된 것이다. 학교는 온라인 개학을 했고, 기업에서는 연수원 집합 교육에서 온라인 학습으로 급격하게 이동하게 되었다. 코로나19는 오프라인 중심의 교육에서 다양한 채널을 통한 학습으로 변화시키는 거대한 촉매제가 되었다.

코로나19 이후 교육은 오프라인 교육에서 온라인 교육으로 빠르게 이동하고 있다. 단순히 오프라인 교육에서 이러닝으로 옮겨가는 것이 아니라, 학습 콘텐츠의 내용과 학습자 수준에 따라 이러닝, 마이크로 러닝, 플립 러닝, 버추얼 클래스룸의 형식으로 이

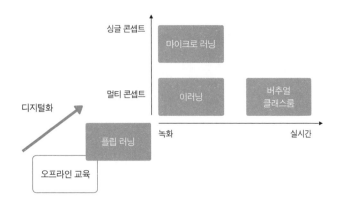

오프라인에서 온라인으로 콘텐츠 이동

동하고 있는 것이다.

이러닝(E-Learning)은 오프라인 교육이 디지털로 변화하는 가장 기본적인 방법이다. 오프라인 교육을 현장이나 스튜디오에서 촬영하고 이를 녹화한 후 인터넷을 통해 스트리밍 혹은 다운로드 방식으로 공급하는 방법이다. 인강(인터넷 강의)이라는 단어로도 많이 쓰이는 이러닝은 오프라인 교육 다음으로 우리에게 익숙한 방법이다.

마이크로 러닝(Micro-Learning)은 모바일의 등장과 함께 새롭게 떠오른 개념이다. 짤강(짧은 강의)이란 말로도 젊은 층에게 널리 쓰인다.

마이크로 러닝은 말 그대로 작게(Micro) 쪼개진 콘텐츠를 의미한다. 세계적으로 마이크로 러닝 어젠다를 선도하고 있는 카라 토거슨(Carla Togerson)은 마이크로 러닝을 "5분 이내로 소비될 수 있는 콘텐츠"로 정의하고 있다.

최근 숏폼 콘텐츠(short form contents)가 젊은 사람들을 대상으로 큰 인기를 끌고 있다. 일반적으로 10분 이내의 콘텐츠를 말하며, 유튜브가 인기를 끌며 모바일로 영상을 즐기면서 생긴 신조어다. 유튜브만큼 10~20대들에게 인기가 있는 틱톡은 15초 정도의 영상을 공유하는 플랫폼이다.

모바일로 넘어가면서 영상의 길이는 점점 짧아지고 있다. 마이크로 러닝 또한 이런 개념이다. 모바일에 가장 적합한 콘텐츠는 긴 영상이 아니라 짧은 영상이라는 점이다.

모든 산업에서 기업과 기관들은 소비자들의 모바일 점유율을 어떻게 늘릴 수 있을지 고민하고 있다. 모바일 점유율은 기업과 기관의 생존과 직결되어 있기 때문에 모든 수단과 방법을 동원하는 것이다. 이런 측면에서 마이크로 러닝은 매우 중요하다 할 수 있겠다. 학습자들의 모바일 점유율을 늘릴 수 있는 핵심 교육 콘텐츠이기 때문이다.

공학 전문 사이트인 테크토피아(Techtopia)는 버추얼 클래스룸(Virtual Classroom)에 대해 "학습 참여자들이 학습에 필요한 상호작용, 커뮤니케이션, 시청, 토론, 학습 자료, 프레젠테이션 등 다양한 분야에서 가르치고 학습하는 일련의 활동을 온라인상으로 함께할 수 있는 환경을 의미한다"라고 정의하고 있다.

실시간 영상 기술의 발전으로 아프리카TV 등 개인 방송이 활성화되고 있다. 이런 부분의 확산은 교육으로까지 그 활용 범위를 넓히고 있는 것이다. 줌, 웹엑스, 구루미, 리모트 미팅 등 다양한 버추얼 클래스룸이 활용되고 있다.

버추얼 러닝과 이러닝의 가장 큰 차이점은 실시간과 영상 녹화 후 방영이라는 부분이다. 실시간으로 상호작용이 일어난다는 점은 버추얼 러닝의 가장 큰 장점이라 할 수 있다. 실시간 채팅이나 화이트보드를 활용한 상호작용, 화상 미팅 기능을 활용한 토론 등은 이러닝의 단점인 상호작용을 보완하는 역할을 한다.

버추얼 러닝은 이러닝에 비해 상대적으로 활용하기 좋은 분야가 있다. 꼭 알아야 하는 교육에 쓰는 것이 좋으며, 단순한 내용보다는 복잡한 내용에 활용하는 것이 더 효율적이다. 뿐만 아니라 협업이 필요한 교육에 활용하는 것이 적합하다.

플립 러닝(Flip Learning)은 온라인과 오프라인이 결합된 방식이다. 플립(Flip)이라는 단어는 '뒤집다'라는 뜻으로, 기존의 교육 방식을 뒤집는 교육이라는 의미다. 즉 전통적인 교육이 교실에서 강의를 들으면서 학습하고 집에서 숙제를 통해 실천 학습을 했다면, 플립 러닝의 강의는 집에서 온라인으로 사전에 학습하고, 교실에서는 학생들이 교사와 실천 학습을 진행하는 것을 의미한다. 플립 러닝은 다른 표현으로 'Flipped Classroom(거꾸로 교실)'이라고도 불린다. 즉 교실 수업이 강의 중심에서 실천 중심으로 바뀐 부분을 강조하는 것이라 할 수 있다.

플립 러닝의 확산은 미국 교외의 한 과학 교사로부터 출발했다. 우드랜드 파크 고등학교의 교사인 조너선 버그먼과 아론 샘은 과학 교과에 플립 러닝을 접목해 보았는데 많은 교육 효과를 보았다. 그들은 자신들이 실제 적용한 내용과 이론적 기반을 묶어 책으로 출간하였는데, 이것이 미국 전역에 엄청난 파장을 일으키면서 플립 러닝이 교육계에 뜨거운 화두로 등장했다.

그렇다면 플립 러닝의 출발은 무엇일까? 플립 러닝의 출발이 된 핵심 질문, 즉 단 하나의 질문은 이것이었다. 이 질문의 답이 플립 러닝의 철학이 되는 부분이기도 하다.

"What is the best use of face to face time with student?"

그것은 바로 '학생들과의 대면 교육을 가장 효과적으로 활용할 수 있는 방법은 무엇인가'에 대한 질문이다. 오프라인 교실에 함께 모이는 것은 모든 사람의 시간과 공간적 효율성 및 효과성을 고려할 때 매우 중요한 시간인데, 이 시간을 가장 효과적으로 활용할 수 있는 방법에 대한 고민으로 플립 러닝은 출발했다.

이러한 고민 끝에 대면 학습인 오프라인 교육은 가장 중요한 일을 하고, 그렇지 않은 활동은 온라인으로 보내자는 것이 플립 러닝이다. 이런 기본 철학으로 출발하다 보니 강의식의 수업은 얼마든지 온라인으로 할 수 있으니, 오프라인 학습에서는 함께 협력하고, 토론하는 실천 중심의 학습으로 구성되었다.

온라인 이론 학습에 오프라인 실천 학습을 더하는 플립 러닝 구조는 이러한 연유로 등장하게 된 것이다. 다시 말해 과거에는 오프라인으로 강의 중심의 이론 학습을 하고 집에서는 실천 중심의 학습을 진행했다면, 이것이 뒤집혀(flipped) 집에서는 온라인으로 이론 학습을 진행하고 교실에서는 상호 토론하고 협력하는 실천 학습을 수행하게 된 것이다.

오프라인 교육은 디지털 기술과 결합하여 이러닝, 마이크로 러닝, 버추얼 클래스룸, 플립 러닝 등 다양한 디지털 활용 방식으로 이동하고 있다.

각각의 방식 중 어느 것이 가장 뛰어난 방식이라고 말할 수는 없다. 학습자와 학습 목표에 따라 적절한 방식을 활용하는 것이 교사의 역할이라고 할 수 있겠다.

다음의 그림은 네 가지 방식을 상호작용의 필요성과 최신 콘텐츠의 중요성에 따라 정리한 것이다. 요컨대 꾸준히 활용되는 교

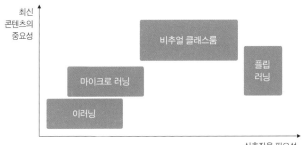

디지털 교육 방식의 분류

꾸준히 활용되는 교육은 이러닝, 마이크로 러닝이며,
최신 이슈는 버추얼 클래스룸, 오프라인이 꼭 필요하다면 플립 러닝을 활용한다.

육에는 마이크로 러닝과 이러닝을, 최신 이슈에 대한 교육은 버
추얼 클래스룸이 적합하다. 오프라인 교육 방식이 꼭 필요하다면
온라인과 오프라인을 적절히 섞는 플립 러닝 방식을 활용할 수 있
을 것이다.

학습 격차와
자기주도 학습 환경

2020년 한국교육학술정보원(KERIS)이 전국 초·중·고 교사들을 대상으로 한 설문 조사에서 응답자의 80%가 코로나19로 인해 학습 격차가 커졌다고 답했다. 갑작스럽게 비대면 교육 환경으로 전환되면서 학습 격차가 사회 문제로 대두되고 있는 것이다.

2020년 8월 17일자 〈조선일보〉 기사 '코로나 이후… 교실에서 중위권이 사라졌다'를 보면 학교 현장에서 학습 격차의 문제를 살펴볼 수 있다.

중학교는 내신에서 중위권 붕괴 현상이 일부 감지되고 있다. 인천 만수북중학교의 한 교사는 "예년과 비슷한 난이도로 출제했음에도 담당 과목의 평균 점수가 당초 예상한 것보다 15점가량

낮게 나왔다"며 "중위권인 C등급 학생은 줄고, 그 이하 하위권인 D~E등급 학생은 늘어났다"고 말했다. 서울지역 중학교 B교사는 "온라인 수업 체제에서 상위권 아이들은 알아서 학습을 잘 진행하고 있지만, 중위권 이하 아이들은 어떻게 공부해야 하는지 혼란스러워하는 모습을 보였다. 등교 수업에서도 이해력이 떨어지는 것이 느껴졌다"며 "(중위권 학생들은) 잘하는 친구에게 물어보며 부족한 점을 보완하는 경우가 많았는데, 1학기에는 그게 안 되다 보니 성적을 올리기가 쉽지 않았다"고 밝혔다.

코로나19로 비대면 수업이 본격화되면서 교육 현장은 온라인에 적응하기 위한 많은 노력을 기울여 왔다. 이런 노력에도 불구하고 왜 학습 격차는 벌어지고 있는 것일까?

교육 서비스 영역은 크게 콘텐츠의 영역과 매니지먼트 및 서포트 영역으로 나뉜다. 오프라인 교육 환경에서는 두 가지 영역을

교육 서비스 영역

	오프라인 학습 환경	비대면 학습 환경
콘텐츠 영역		
매니지먼트 및 서포트 영역		문자와 메일 독려

한 명의 교사가 모두 처리하는 것이 가능했다. 수업을 진행하면서 아이들을 집중시키기도 하고, 질문을 자유롭게 던지기도 하는 등 면학 분위기를 조성했다. 아이들끼리 서로 물어보는 상호작용 학습이 자연스럽게 이루어지게 만들고, 서로 이야기하고 바라보며 함께 성장하는 것이 가능했다.

하지만 비대면 학습 환경에서는 많은 부분이 불가능하다. 학습자 입장에서는 옆에 있던 학습 동료가 사라졌다. 질문은 채팅이나 이메일로 해야 한다. 혼자만의 공간에서 수업을 진행하다 보니 확고한 의지가 아니고서는 제대로 집중하기가 어렵다. 교사는 본인을 전혀 신경 쓰지 않는 것 같다. 친구들은 그저 온라인 커뮤니티의 지인 관계처럼 느껴진다.

교육 서비스는 강의만으로 이루어지지 않는다. 학습 동기부여, 학습한 내용의 활용, 동료와의 공유, 협력 학습, 그리고 통합 관리라는 종합적인 매니지먼트 및 서포트 영역 또한 매우 중요하다.

코로나19로 디지털 교육 환경으로의 급격한 변화로 인해 교육 현장에서는 콘텐츠만을 온라인화하는 데 급급했던 것이 사실이다. 콘텐츠의 온라인화뿐만 아니라 매니지먼트 및 서포트 영역 또한 디지털로 전환되어야 하는데 그렇지 못한 것이다.

디지털에 익숙한 교사들은 콘텐츠를 시스템에 올려 아이들이 듣게 하고, 단체 대화방이나 밴드를 활용해 학습을 독려·관리한다. 또한 에듀테크 툴이나 애플리케이션을 활용해 더 많은 소통이 디지털에서 이루어지도록 노력한다. 하지만 그렇지 못한 교사들은 매니지먼트 및 서포트 영역의 활동이 미비했다.

비대면 학습 환경은 교사들 사이에서도 디지털 격차가 심해지는 현상을 낳고 있다. 오프라인 교실에서는 수동적 학습자를 가정한다. 교사 주도하에 학습자를 관리하고 전달하는 방식을 취한다. 교사와 학생은 그동안 이런 방식에 익숙했다. 하지만 비대면 교육 환경이 되면서 이런 부분이 불가능해졌다. 학습자와 교사 모두 새로운 디지털 환경에 적응해야만 했다.

비대면 환경, 디지털 환경에서는 수동적 학습자가 아닌 자기주도적 학습자를 전제로 한다. 학습의 주도권을 교사가 아닌 학습자가 가지는 것이다. 이들을 위한 새로운 비대면 환경적 지원이 필요하다. 자기주도적 학습자를 위한 디지털 학습 환경이 필요한 것이다.

이를 위해서는 첫째, 자기주도적 학습자를 위한 교육 환경에서 콘텐츠의 경우 맞춤형 학습(Adaptive Learning) 환경을 지향해야 한다. 온라인 환경에서는 오프라인 환경보다 학습자들이 자신의 필요와 난이도에 맞지 않는 콘텐츠에 집중하기가 훨씬 어렵다. 따라서 빅데이터와 인공지능 등의 기술을 활용해 학습자에게 적합

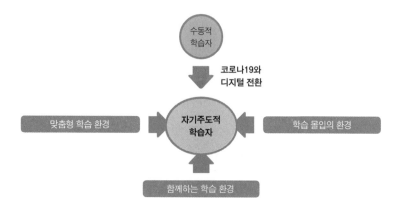

자기주도적 학습 환경하의 새로운 학습 지원 방식

한 콘텐츠를 적시에 볼 수 있도록 추천해주는 환경을 구축하는 것이 필요하다.

둘째로, 학습자 몰입의 환경을 만들어주어야 한다. VR 및 게임 등의 다양한 방법을 활용할 수 있지만 가장 많이 쓰이는 방법은 게이미피케이션(Gamification)이다. 게이미피케이션은 게임적 요소를 활용하는 것으로, 대표적으로는 포인트(Point), 배지(Badge), 리더 보드(Leader board)라 불리는 PBL이 있다. 학습을 하면 포인트를 부여하고, 시험에 통과하면 배지를 부여하는 등의 방식이다. 또한 경쟁 요소를 고려해 실시간 학습 참여율 1~10위를 나열해주는 리더 보드 등을 통해 학습자의 학습 동기를 불러일으키는 방향으로 디지털 학습 환경을 구축해 나가야 한다.

마지막으로, 함께 학습할 수 있는 환경의 구축이다. 학습자와 학습자, 그리고 교사와 학습자가 자유롭게 소통하고 질의·응답할 수 있는 디지털 환경을 구축해야 한다. 최대한 오프라인 환경과 가깝게 소통하고 함께 성장할 수 있는 디지털 학습 공간을 만들어야 한다.

인공지능 기반의
맞춤형 학습 환경

교육계의 석학이라 불리는 벤저민 블룸은 완전 학습 방식의 창
시자이기도 하다. 그는 자신이 만든 완전 학습 방식에 대한 성과
를 증명하기 위해 하나의 실험을 했다. 학생들을 3개의 클래스로
나눈 후 첫 번째 클래스에서는 일반적인 강의 방식으로 수업을 진
행했다. 두 번째 클래스는 자신이 만든 완전 학습 방식으로 수업
을 진행했다. 마지막 클래스는 비교치를 두기 위해 일대일 코치
를 붙여주는 방식으로 수업을 진행했다. 학생들의 성취도 평가
결과는 벤저민 블룸이 예상한 것과는 달랐다. 완전 학습 방식의
수업은 일반 강의식 수업에 비해 학생들의 학업 성취도가 높긴 했
지만 그렇다고 크게 높지는 못했다. 일대일 코치를 붙여주는 방

법이 학생들의 학업 성취도가 월등히 높았다. 연구 결과는 일대일 코치를 통해 학습을 진행한 학생들의 평균이, 강의식 교육을 진행한 학생의 상위 2%와 동일한 것으로 나왔다. 벤저민 블룸은 이것을 2시그마의 문제(두 수업 방식의 차이가 표준편차의 2배가 된다고 해서 2시그마라고 명명)라 정리하고, 이는 교육이 반드시 해결해야 할 과제라고 결론지었다.

쉽게 설명하자면, 일대일 코치를 통해 50명에게 학습시키고, 또 다른 50명에게 강의식 수업을 한다고 하자. 이때 일대일 코치를 통한 50명의 평균 점수와 강의식 수업의 1등 점수가 동일하다는 것이다. 상위 2% 학생을 길러내는 것이 교육 목표였다고 가정한다면, 일대일 코치의 학습이 강의식 수업보다 50배 더 효과적인 방법이라 할 수 있다.

과외가 강의식 수업보다 효과적이라는 것은 누구나 알고 있는 사실이다. 하지만 과외가 가지고 있는 단점이 두 가지 있다. 하나는 과외가 강의식 교육보다 비싸다는 점이고, 다른 하나는 과외 교사의 경우 표준화가 되어 있지 않기 때문에 사람에 따라 가르치는 실력이 천차만별이라는 점이다.

그렇다면 일대일 과외 교사를 저렴하게 대중화시킬 방법은 없을까? 이런 질문을 해결하기 위해 인공지능 기술이 교육에 활용되기 시작한다.

만일 회사 내 리더들을 대상으로 인공지능과 결합된 안경을 나눠주고 리더십과 직무 역량을 다음과 같이 훈련시킨다면 어떨까? 아래와 같이 가상의 맞춤형 교육 서비스에 대해 상상해보았다.

우선 나만의 학습 커리큘럼을 제시해준다.

"오늘은 월 마감일입니다. 아직 모르는 고정비의 구성에 대해 학습해볼까요?"

인공지능 기반의 리더십 교육

나만의 커리큘럼 제시

• 오늘은 월 마감일입니다. 아직 모르는 고정비의 구성에 대해 학습해볼까요?

맞춤형 실시간 코칭

• A사원에 대한 업무 코칭 공백 기간이 길어졌습니다. 면담 진행하는 것이 좋을 것 같습니다.

• A사원의 성과는 방향이 다르게 가고, 동기부여 지수도 다소 낮습니다. 전략적 방향에 대한 공유가 필요합니다.

실시간 콘텐츠 추천

• ATD 컨퍼런스에서 리더십 관련 리포트가 생성되었습니다. 다음 주 보고 시 활용하면 좋은 자료입니다.

지속적 기억 상기

• 어제 배운 블루오션 전략 요약본 다시 한 번 보시기 바랍니다. 잊어버릴 때가 되었어요.

학습 전이 유도

• 오늘 미팅에서는 지난 번 학습했던 설득의 법칙 중 제5법칙을 활용하면 좋을 것 같습니다.

맞춤형 전문가 연결

• 지금 조직 문화 문제에 대해서는 B대학의 홍길동 교수의 조언을 받는 것이 좋습니다. 바로 연결해드리겠습니다.

맞춤형 성과 사례 소개

• 지금 D상품의 매출 상황은 K케이스와 유사합니다. 참고하는 것이 좋을 것 같습니다.

맞춤형 실시간 코칭을 진행해주며,

"A사원에 대한 업무 코칭 공백 기간이 길어졌습니다. 면담 진행하는 것이 좋을 것 같습니다."

이렇게 실시간 콘텐츠를 추천해주기도 한다.

"ATD 컨퍼런스에서 리더십 관련 리포트가 생성되었습니다. 다음 주 보고 시 활용하면 좋은 자료입니다."

지속적 기억 상기를 통해 학습한 내용을 기억하게 해주기도 한다.

"어제 배운 블루오션 전략 요약본 다시 한 번 보시기 바랍니다. 잊어버릴 때가 되었어요."

또한 학습을 실행으로 옮기는 학습 전이를 유도하고, 맞춤형 전문가를 연결해주기도 한다.

"오늘 미팅에서는 지난 번 학습했던 설득의 법칙 중 제5법칙을 활용하면 좋을 것 같습니다."

"지금 조직 문화 문제에 대해서는 B대학의 홍길동 교수의 조언을 받는 것이 좋습니다. 바로 연결해드리겠습니다."

더불어 맞춤형 성과 사례를 소개해준다.

"지금 D상품의 매출 상황은 K케이스와 유사합니다. 참고하는 것이 좋을 것 같습니다."

이와 같은 일대일 맞춤형 교육 서비스를 현실화하기 위해 많은 에듀테크 기업들이 도전하고 있다. 최근 기술의 급속한 발전은 맞춤형 학습에 대한 상상을 더 빠르게 현실화 할 것이다.

그렇다면 인공지능을 기반으로 한 맞춤형 교육 서비스의 현주소는 어떨까?

스티브 잡스 스쿨

네덜란드의 스티브 잡스 스쿨은 동일 연령 학제의 구성, 동일한 수업, 교사 중심의 수업이라는 근대 방식의 학교에 문제 의식을 가지고 있었다. 이에 관심 주제나 역량에 맞는 혼합 연령으로 구성(최대 4세 차, 20~30명 구성)된 학제를 편성하고, 인공지능 기술을 기반으로 한 아이패드 앱 기반 일대일 학습(Tik Tik sCoolTool App)을 진행하게 하였다. 교사는 가르치는 사람이 아닌 '코치', '주제 전문가'로서 배움이 필요한 순간 해당 분야의 전문 교사를 연결해 준다. 또한 부모에게 6주마다 개별 교육 계획을 제공하고 있는 것도 특징이다. 이런 새로운 형식의 학교는 큰 반향을 일으켜 네덜란드에서는 현재 15개 학교에서 해당 프로그램을 도입해 운영하고 있으며 점차 확산 중에 있다.

스티브 잡스 스쿨에서는 오전에는 인지 영역 수업을 개인 맞춤형으로 진행한다. 그리고 오후에는 협업 프로젝트, 워크숍, 정서 활동 등 4차 산업혁명 시대에 중요한 역량들을 가르친다.

스티브 잡스 스쿨의 CEO 모리스 드 혼드(Maurice de Hond)는 "일반 학교에서는 누구는 앞서 나가고 누군가는 뒤처지지만 우리 학교에서는 각자의 속도에 맞게 배우기 때문에 단 한 명의 낙오자도 없다"라고 말한다. 기존의 학교는 상위 1%를 위한 학교 시스템이었다. 수학 과목의 경우 진도를 상위 학생에게 맞춰 나가고, 이를 따라가지 못하는 학생들은 낙오자가 된다. '언제 수포자가 되는가?'의 싸움을 하고 있는 것이 지금 학교의 현실이다. 99%의 학생이 낙오자가 되는 지금의 학교 시스템이 4차 산업혁명 시대에 유효한 것일까? 인공지능 기술은 이런 불행한 학교를 학생을 위한 행복한 학교로 바꾸는 열쇠를 가지고 있다고 할 수 있겠다.

비자카드

글로벌 신용카드 기업인 비자(Visa)는 신용카드 산업의 급격한 변화에 걸맞게 학습의 제공과 조직 역량의 향상을 미션으로 정하고, 이를 달성하기 위하여 건강 관련 웨어러블 디바이스인 핏빗(Fitbit)에서 영감을 얻어 '러닝 피트니스(Learning Fitness)'라는 개념을 적용하고 있다. 비자는 빅데이터를 기반으로 조직 내에서 이루어지는 학습을 트래킹하고, 여기서 생성된 데이터를 기반으로 학습 경험에 대한 분석을 지속적으로 추진했다. 비자는 도출된 데이터를 바탕으로 디지털 캠퍼스인 '비자 유니버시티(Visa University)'에 이를 적용했다. 적용 전과 후를 비교해보면 디지털 캠퍼스에 적용하기 전에는 15%에 불과하던 학습 완료율이 80% 이상으로 급상승했다. 일대일 맞춤형 학습의 파괴력을 엿볼 수 있는 대목이다.

인공지능을 교육에 접목하기 위해서는 선행되어야 하는 과제가 있는데, 그것이 바로 빅데이터다. 충분한 데이터가 있어야 인공지능 알고리즘을 개발할 수 있고, 이 알고리즘을 토대로 맞춤형 서비스를 시행할 수 있기 때문이다.

하지만 현재 교육 분야에서는 이런 데이터가 너무 없다는 것이 문제다. 예를 들어 학교 수업 시간에 한 학생이 모르는 것에 대해 질문을 했다. 이 질문은 향후 다른 수업에 중요한 데이터로 작용한다. 이런 데이터를 디지털화하여 저장하는 교육 기관은 거의 없는 것이 사실이다. 다른 예로 수업 시간에 학습자들끼리 그룹을 지어 큰 종이에 공동의 작업을 함께 적었다. 그리고 이를 기반으로 그룹의 대표가 발표를 한다. 이들의 작업이 기록된 큰 종이는 학습에 있어 중요한 데이터다. 하지만 이 데이터들을 기록하고 관리하는 기관은 많지 않을 것이다.

교육 영역에서는 데이터가 매우 적은 것이 사실이다. 오프라인 교육의 경우 데이터화되는 정보가 거의 전무하고, 온라인 교육에 있어서도 콘텐츠, 시험, 수료 정보 정도만 관리되고 있어 데이터의 양이 매우 제한적이다.

이런 문제점을 극복하기 위해 국제적으로 학습 데이터의 표준을 만들고, 이를 축적하고 활용하려는 움직임이 일어나고 있다. 현재 가장 널리 확산되고 있는 데이터 표준으로 xAPI를 들 수 있다. 'Experience Application Programing Interface'의 줄임말로 학습과 관련된 경험 데이터를 모아 표준으로 활용하고 있다.

xAPI는 주어, 서술어, 목적어로 구성되며 다양한 학습 관련 경험들을 이 문장 형식으로 변환시켜 저장하게 된다. 이런 데이터들을 저장하는 공간을 LRS(Learning Record Store)라 부른다.

xAPI는 교육 정보뿐만 아니라 학습 경험의 데이터를 모두 모은다는 데 특징이 있다. "마틴은 유튜브에서 4차 산업혁명과 블록체인을 보았습니다", "톰은 《트랜스포머 CEO》란 책을 읽었습니다" 등 학습 경험과 관련된 방대한 데이터를 모으게 된다.

인공지능 교육 서비스가 작동되는 원리

다음의 그림과 같이 xAPI 형식으로 아홉 가지 데이터를 모았다고 가정해보자. 이를 통해서 교육 전문가들은 다음과 같은 가설을 한다. "매몰원가 콘텐츠를 보고 관련 원가 콘텐츠를 같이 본 사람의 비율은?" 이런 가설에 대한 데이터가 98%라면, 매몰원가 콘텐츠를 본 사람에게 관련 원가 콘텐츠를 추천하는 방식의 알고리즘을 새롭게 개발하는 형식으로 서비스를 발전시켜 나가게 된다. 한 가지 더 예를 들면 "손익분기점의 이해에 대한 블로그를

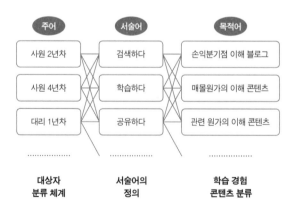

xAPI 기반의 데이터 예시

검색한 학습자가 이 블로그를 공유한 비율은?" 이런 가설에 대리 1년차 공유 비율이 사원에 비해 3배 정도 높다고 한다면, 손익분기점의 이해 블로그를 대리 1년차들에게 추천 블로그로 넣어주는 알고리즘을 개발하는 것이다.

데이터의 양이 많아질수록, 그리고 교육 전문가들의 검증을 거친 알고리즘이 많아질수록 인공지능 기반의 교육 서비스는 계속해서 발전하게 된다.

전체적으로 인공지능 기반의 교육 서비스는 데이터 표준 기반으로 다양한 데이터를 축적하고, 해당 데이터를 분석해 알고리즘을 개발하게 된다. 이런 과정이 누적되면서 다양한 교육적 활용으로 발전하게 되는 것이다.

교육적 활용 방법의 첫 번째는 개인 맞춤형 학습의 구현으로 각 개인별로 맞춤형 콘텐츠를 추천하는 것이다. "오늘 협상 업무를 위해서는 A 콘텐츠와 B 사례를 보세요"라는 형식으로 개인이 필요한 시점에 필요한 학습을 진행할 수 있도록 지원해주는 것이다.

두 번째는 개인 맞춤형 학습 피드백이다. 학습자의 현재 역량은 어떤지, 그리고 어떤 학습을 앞으로 해야 하는지에 대해 자동화된 서비스를 구현하는 방식이다. "문제 해결, 기획력이 동일 직급 학습자에 비해 우수합니다. 다만 커뮤니케이션 능력이 다소

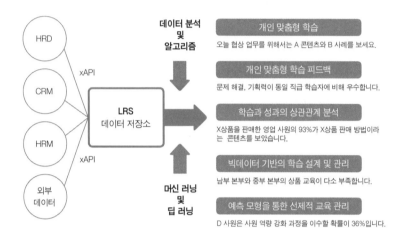

인공지능 기반 교육의 작동 체계

부족하니 A 과정을 학습하고, C 블로그를 구독해보는 것을 추천합니다"라는 식으로 학습의 현 상황과 앞으로의 발전 방향에 대해 알려주는 것을 말한다.

세 번째로 활용할 수 있는 분야는 학습과 성과의 상관관계 분석이다. 영어 성적이 뛰어난 사원이 해외 영업 부서에서 뛰어난 성과를 내는지, 교육 콘텐츠를 학습한 사원의 역량이 실제 성과로 얼마나 이어지는지 등 학습과 성과의 상관관계를 분석하는 일이다. "X상품을 판매한 영업 사원의 93%가 X상품 판매 방법이라는 콘텐츠를 보았습니다"라는 형식으로 학습과 성과의 상관관계를 밝힐 수 있다.

네 번째는 입체적 학습 데이터를 제공하여 빅데이터 기반의 학습 설계와 관리가 가능하다. 우리는 자동차를 운전할 때 계기판을 활용한다. 비행기를 조정하는 파일럿의 경우에는 훨씬 복잡한 계기판을 사용한다. 교육 전문가는 학습자들을 올바른 성장의 길로 안내하는 운전자 역할을 담당한다. 자동차나 비행기보다 더욱 중요한 사람의 성장을 다룬다. 이들이 올바른 교육 전략과 설계 방향을 제시하기 위해서는 더욱더 정교한 학습 데이터가 필요할 것이다. 이런 교육 전문가를 위한 입체적인 데이터를 제공하는 것은 빅데이터와 인공지능을 통해 가능하다.

마지막으로 예측 모형을 통한 선제적인 교육 관리가 가능하다. "D 사원은 사원 역량 강화 과정을 이수할 확률이 36%입니다"라고 인공지능 시스템이 알려주면, 이에 대해 교육 전문가는 적절한 대처를 할 수 있을 것이다.

인공지능은 그동안 우리가 경험하지 못했던 맞춤형 학습 및 피드백, 성과와 학습의 상관관계 분석, 입체적 학습 데이터의 제공, 예측 모형을 통한 선제적 관리가 가능하도록 하여 우리 교육을 한 단계 더 업그레이드시켜 줄 것이다.

그렇다면 인공지능 기술이 교육의 모든 것을 해결해줄 것인가? 결론부터 말하자면 그렇지는 않다. 교육 효과 극대화를 위해 인공지능과 사람의 적절한 협업을 만들어가는 것이 중요하다.

화살이 아무리 좋아도, 궁수가 그것을 제대로 활용하지 못한다면 무용지물에 불과하다. 인공지능이 교육 영역에서 어느 부분을 향상시키고, 이를 바탕으로 교사가 어떻게 활용할 것인지를 함께 설계해 나가는 것이 중요하다. 예를 들어 인공지능은 학습자의 현재 역량에 대한 자동화된 리포트를 산출하고, 이를 바탕으로 교사는 6개월 단위의 학습 경로를 설계하는 방식으로 인공지능과 교사의 역할을 통합해 가는 것이 효과적이라 할 수 있다.

함께하는 학습
소셜 러닝

2016년 스탠퍼드 대학은 2만 3,577명의 학생들을 대상으로 온라인 학습에 대한 실험을 했다. 혼자 온라인 학습을 진행한 학생들의 학습 완료율은 2%에 불과했다. 하지만 팀을 묶어서 학습을 진행한 학생들은 21%로 거의 10배 이상의 학습 완료율을 기록했다. 또한 팀 학습과 더불어 코치의 피드백이 있었던 집단은 44%까지 학습 완료율이 상승했다.

스탠퍼드 대학의 연구 결과는 타인과 함께하는 학습이 지속적인 학습을 가능하게 하는 중요한 요소임을 보여준다. 인간은 사회적 동물이기에 학습 또한 사회적으로 함께할 때 더 몰입할 수 있고 지속적인 학습이 가능하게 된다.

스탠퍼드 대학의 온라인 학습에 대한 연구

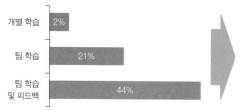

출처 : Stanford study shows efficacy of team-based online learning(2016.12)

함께하는 학습을 의미하는 소셜 러닝(Social Leanrning)이란 타인을 보고, 질문하고, 공유하며 사회적으로 학습하는 것을 의미한다. 소셜 미디어와 디지털 기술의 발전은 소셜 러닝의 개념을 확장하고 있다. 대면으로 협력하는 학습과 더불어 블로그, 소셜 네트워크 서비스, 온라인 토론, 동영상 등 디지털 기술을 통해 다른 사람과 연결하고 공유하고 창조해 나가는 과정까지로 그 의미를 넓혀 가고 있다.

소통 기반의 온라인 학습 플랫폼인 클라썸(Classum)을 창업한 이채린 대표는 자신의 창업 동기에 대해 다음과 같이 말한다.

"대학 시절, 저와 친구들이 학업에 힘들어했는데, 문제를 해결하고 싶어 질문을 편하게 할 수 있는 과목별 단체 대화방을 만들었습니다. 그런데 대화방에서는 질문과 답변이 정리되지 않고 막 섞이다 보니 불편해서 제대로 만들어보기 위해 '클라썸'을 개발하게 됐습니다."

그녀는 "소통 기반의 학습 시스템이 세상에 퍼트릴 수 있는 가치"라고 말한다. 카이스트에 입학할 정도로 수재였던 그녀는 자신의 공부 성공 요인을 타인과 함께 학습했기 때문이라고 한다. 이런 경험을 바탕으로 대학에서 온라인 기반으로 단체 대화방에서 질문·답변할 수 있는 공간을 운영하다, 불편한 점이 많아 클라썸이라는 서비스를 개발하게 되었다는 것이다.

클라썸 서비스를 활용해보면 함께하는 학습을 디지털상으로 구현하기 위한 세심한 배려들이 엿보인다.

클라썸 홈페이지

출처 : https://classum.com/

클라썸에서는 공지, 노트, 질문, 피드백 등을 디지털상에서 자연스럽게 할 수 있다. 또한 참여를 활성화하기 위해 '짝짝(박수)' 버튼, '도와줘요' 버튼, '저도 도와줘요' 버튼 등을 넣어서 함께하는 학습에 다가가기 쉽게 만들었다.

특히 관리자는 보이지만 학생들끼리는 보이지 않는 무기명 질문 기능은 학생들이 두려움을 갖지 않고 편하게 질문하게 만드는 통로 역할을 해주고 있다.

2008년 창업한 에듀테크 회사인 에드모도(Edmodo)는 교사들에게 학생과 커뮤니케이션, 협업, 코칭할 수 있는 툴을 만들어주기 위해 출발했다. 9천만 명의 학습자가 사용하고 있으며 대표적인 학교를 위한 소셜 러닝 플랫폼으로 성장하고 있다.

에드모도 홈페이지

출처 : https://new.edmodo.com

에드모도 사이트는 페이스북과 유사한 모습을 보인다. 커뮤니케이션에 '좋아요'와 댓글을 달 수 있고, 과제를 부여하고 제출하는 작업이 자연스럽게 이루어질 수 있도록 한 것도 특징이다. 학습 과정을 한눈에 볼 수 있는 캘린더 기능이나 평가 기능들은 학교 현장에서 꼭 필요한 사안들을 충분히 이해하고 있는 서비스라는 것을 보여주고 있다.

그렇다면 소셜 러닝을 잘 활용하기 위해서는 어떤 것이 필요할까? 이 부분에 대해서는 세 가지 정도로 살펴볼 수 있겠다.

연결과 공유를 쉽게, 디지털 기술의 활용 필요

에듀테크 서비스 브레인리(Brainly)는 언제 어디서든 숙제를 함께 해결해주는 서비스로 등장했다. 수학, 역사, 영어, 생물학 등의 과목에 대해 질문을 남기면 답변을 받을 수 있는 사이트다. 2019년 오픈해 서비스를 시작한 지 채 2년이 되지 않아 3,500만 명의 사용자가 활용하는 소셜 러닝 플랫폼으로 성장했다. 심화 학습까지 커뮤니티를 통해 제공하고 있으며 온라인으로 각 분야의 전문가에게 명쾌한 지도를 받을 수 있다는 것이 장점이다.

지금의 시대를 60억 개의 사물과 사람이 인터넷망으로 연결된 초연결 시대라고 말한다. 인터넷망 안에서 누구에게나 쉽고 빠르게 연결되어 공유하는 것이 가능한 세상이다. 이런 디지털 연결

브레인리 홈페이지 화면

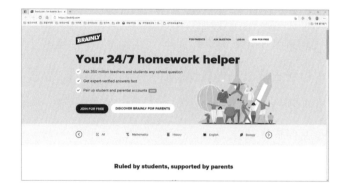

출처 : https://brainly.com/

의 힘을 교육적으로 잘 활용하는 것이 필요하다. 학교에서 또는 연수원에서만 배움이 일어나는 것이 아니라 초연결된 인터넷망에서 언제 어디서든 함께하는 학습이 가능할 수 있도록 디지털 커뮤니티를 설계해 나가는 것이 더욱 중요해지고 있다.

자발적인 참여 필요

IT 전략 기획 전문가 조봉수가 쓴《미래의 교육, 올린》에는 다음과 같은 이야기가 나온다.

"버스요금을 빌리는 한 실험이 있었다. 실험참가자가 거리에서 버스표를 사는 데 필요한 돈을 달라고 부탁한다. A그룹에서는 '버스를

탈 수 있게 돈을 좀 주십시오'라고 말하고, B그룹에서는 '버스를 탈
수 있게 돈 좀 주시겠습니까? 돈을 줄지 말지는 당신의 자유입니다"
라고 말한다. 그 결과 돈을 주는 사람의 비율이 A그룹은 10%, B그
룹은 40%였다. 평균 금액도 A그룹보다 B그룹이 45%나 높게 나타
났다.

학습에 있어서 자발적 참여는 학습 몰입과 학습 효과에 많은
영향을 미친다. 열심히 공부하고 있다가도 부모님이 "공부해!"라
고 하면 괜히 공부할 마음이 사라져 버린다. 본인의 자유가 제한
되고 있다고 느끼는 순간 심리적으로 반발하고 싶은 마음이 생기
는 것이다.

소셜 러닝에서도 이런 원리를 잘 살려야 한다. 강제적으로 게
시판에 글을 올리게 한다든지, 질문에 답을 하게 만드는 것은 자
제해야 한다. 자유 의지와 상반된 소셜 러닝 플랫폼의 운영은 자
발적인 참여도를 낮춰 그 효과가 반감될 수밖에 없다. 자발적으
로 참여할 수 있는 다양한 공간과 기능을 마련하거나 참여 시 보
상하는 방법이 더 중요하다. 학습자들의 자발적인 참여를 통해
진정한 학습 커뮤니티로 발전할 수 있기 때문이다.

교학 상장의 마인드 필요

퇴계 이황은 자신의 논지에 대해 기대승이라는 27살 어린 성리학자에게 질문을 받는다. 이황의 논리가 이해되지 않는다는 점에서 편지를 썼던 기대승에게 이황은 지속적으로 답변을 해준다. 그리고 자신보다 신분이 낮고 나이도 어린 기대승에게 그의 논리가 맞았음을 인정하고 그의 의견을 포함한 수정된 논리를 제안한다. 하지만 기대승은 이것 또한 이해가 되지 않는다면서 다시 편지를 보낸다. 이런 형식의 논쟁은 13년 동안 지속되었다. 유명한 사단칠정논쟁에 대한 이야기다.

소셜 러닝을 통한 학습에 있어 누구나 교사가 될 수 있으며, 배울 점이 있다는 자세는 매우 중요하다. 이런 자세가 충분할수록 소셜 러닝의 효과는 극대화된다.

사람들 사이에서 서로 배우며 함께 성장하는 마인드가 충분할때, 소셜 러닝은 더욱더 활성화될 수 있다. 이런 마인드를 강조하고 자극하는 것 또한 교사의 역할일 것이다.

게임과 VR을 통한
몰입형 학습

스티브 워즈니악(Steve Wozniak, 애플의 공동창업자)은 본인만의 교육 원칙을 가지고 있었다. 지식은 동기부여보다 중요하지 않다. "지식을 가르치는 것이 중요하기는 하지만 수업을 재미있게 해서 아이들이 배우고 싶게 만드는 것이 더욱 중요하다. 내 인생에서 가장 잘했던 건 모두 하고 싶은 것이었다"라고 말한다.

학습 동기부여와 학습 몰입은 교육에 있어 가장 중요한 과제다. 이를 위해 교육 분야에서는 다양한 활동들을 해왔다. 아이스브레이킹, 그라운드 룰 발표, 학습 동기부여 이론의 적용 등 학습 동기와 학습 몰입에 많은 노력을 기울여 왔다.

그런데 학습 동기 부분이 발달해 왔던 영역은 대면 교육 현장에서의 학습 동기부여였다. 코로나19로 언택트 사회, 언택트 교육이 강조되면서 새로운 비대면의 학습 동기와 몰입 방법을 찾아야 한다. 대표적으로 활용할 수 있는 기술이 바로 게이미피케이션과 VR 러닝, 그리고 게임 러닝이 될 것이다.

VR과 게임 러닝에 주목해야 하는 이유는 몰입감 외에 교육의 확장성에 있다. 교육은 그동안 오프라인 교육장이라는 공간적 제약에 묶여 있었다. VR과 게임은 학습 몰입뿐만 아니라 이런 공간의 확장까지 가능하게 해준다.

화재 예방 훈련이나 공장 제조 체험, 게임을 통한 고객 응대 시뮬레이션 등 교육장에서 구현할 수 없는 가상의 상황과 공간을 제공해주는 것이다. VR과 게임을 통해 교육은 가상 경험을 제공하는 영역까지 확장해 나갈 수 있다.

네덜란드의 문화사학자 요한 하위징아(Johan Huizinga)는 자신의 책 《호모 루덴스(Homo Ludens)》에서 '놀이하는 인간'이라는 개념을 제시했다. 그는 이 개념을 통해 인간의 본원적 특징은 사유나 노동이 아니라 놀이이며, 인류 문명은 놀이의 충동에서 비롯되었다고 설명했다. 즉 인류의 본질은 즐거움이고, 이 즐거움을 추구하는 '놀이'가 역사 발전의 원동력 중 하나라고 본 것이다.

우리는 놀이와 학습을 별개로 생각하기도 한다. 하지만 우리는 놀면서 배우고 배우면서 놀았다. 함께 놀이를 하며 규칙을 배우고, 놀이에서 이기기 위해 전략을 배우고 협동을 배우고, 또한 대인관계 능력도 배웠다. 놀이와 학습은 별개로 생각할 수 있지만 매우 밀접하게 연결되어 있기도 하다. 놀이의 규칙을 배우고 해보면서 더 잘하게 되듯이, 학습 또한 배우고 연습하면서 더 잘하게 된다. 이 둘의 과정이 비슷한 만큼 이 둘을 묶었을 때 더 재미있는 학습, 더 몰입하는 학습, 더 성과 있는 학습이 되는 것은 당연한 일일 것이다.

교육을 놀이와 결합하는 방법으로 가장 좋은 분야가 게임이다. 게임은 사전적으로 '규칙을 정해놓고 승부를 겨루는 놀이'라는 의미를 가지고 있다. "지난 25년간의 연구를 살펴보았을 때, 게임은 몰입감을 불러일으키는 가장 효과적인 미디어다"라고 언급한 스탠퍼드 대학의 바이런 리브스(Byron Reeves) 교수가 남긴 말처럼, 게임은 사람들의 이목을 사로잡고 지속적으로 몰입하게끔 만든다. 바로 이 점이 글로벌 에듀테크 시장에서 게임 러닝이 각광 받고 있는 이유다.

실제로 게임의 유래를 찾는 가설 중 하나가 게임이 교육을 위해 시작되었다는 가설이 지지를 받고 있는 것도 사실이다. 장기도 초한 시대의 전쟁을 바탕으로 전략과 전술을 활용해 만들어졌고, 체스 또한 귀족의 자제들에게 전략과 전술을 가르치는 데 활용했다고 한다.

다양한 연구 결과에서 게임의 교육적 효과가 증명되고 있는데, 콘텐츠경영연구소에서 국내 소재 42개 초등학교와 해외 소재 학교를 대상으로 한 조사에 따르면 게임 러닝(G 러닝)을 적용했을 때 학습 성과는 25점에서 10점 정도 높아졌으며, 이는 과목별 특성을 가리지 않고 나타난다는 점에서 주목할 만하다.

월마트의 스파크시티(Spark City) 프로그램은 게임을 통해 유통산업 비즈니스를 이해하고 활용할 수 있도록 개발되었다. 가상의 마트 공간을 구성해 참여자들이 인력을 배치하고, 고객서비스에 대한 결정을 내리도록 함으로써 수개월의 비즈니스 프로세스를 몇 시간의 게임으로 체험할 수 있도록 만들었다. 월마트는 '하나의 최고의 방식(One Best Way)'이라는 행동을 구성원들에게 지속적으로 익히게 하는데, 이 프로그램 또한 '하나의 최고의 방식'을 반복 실행해 익힐 수 있도록 설계되었다.

학습자들은 고객서비스, 재고·판매 점수에 대한 피드백을 실시간으로 받는다. 이 점수를 바탕으로 자신의 현재 상황을 파악하고 게임에 다시 도전할 수 있도록 한다. 월마트 직원들은 게임을 통한 해당 교육에 대해 10점 만점에 9.625점으로 추천했다. 기존의 다른 프로그램을 시행했을 때보다 추천 지수가 22%나 향상되었다.

게임 러닝의 대표적인 기업은 게임런(Gamelearn)이다. 스페인

마드리드에 본사를 두고 있는 게임런은 2008년에 설립되었으며, 기업 교육을 재미있게 하기 위해 게임과 교육을 결합한 프로그램을 내놓고 있다.

다양한 베스트셀러 상품들이 있는데 목표 수립, 관리를 게임으로 배울 수 있는 트리스켈리온(Triskelion), 비즈니스 협상을 배울수 있는 머천트(Merchants), 그리고 리더십을 배울 수 있는 퍼시픽(Pacific) 등이 그것이다. 퍼시픽은 리더십 및 팀 관리에 대한 시뮬레이션 게임으로 학습자는 섬에 갇힌 상황에서 그룹의 리더로서탈출용 기구를 만들어 섬을 탈출하는 목표 기반하에 움직이는 게임이다. 이런 과정에서 구성원들의 마음, 자연재해 등 다양한 어려움을 극복하면서 리더십을 배울 수 있는 게임이다. 특히 3D로구성된 디자인이나 몰입감을 높여주는 화면 구성 등은 실제로 섬에 있는 듯한 느낌을 준다.

게임런의 꾸준한 게임 러닝에 대한 투자는 현재 현대자동차, 시스코, 이베이 등 세계적인 기업에서 기업 교육 프로그램으로 선택하고 있으며, 1,000개 이상의 수강 기업을 자랑하고 있다. 수료율 또한 90% 이상으로 높고, 추천 비율도 93%, 만족도 9.2점으로학습 효과 또한 수치적으로 증명해 보여주고 있다.

VR은 학습 환경에 있어 실감을 극대화하며 몰입도를 높여준다. VR 최고 교육 기관인 이언 리얼리티(Eon Reality)의 조사에 의

하면 VR 기술은 학습에 있어서 몰입감을 100%, 학습 성취도를 30% 이상 향상시킨다고 말한다.

수학에서 기하학에 대한 이해나 대칭과 비율면의 면적을 구하는 방법 등에 활용될 수 있으며, 과학에서는 원자들의 결합 구조를 보여주는 화학, 지구환경을 보여주는 지구과학, 물리, 지질학 등 많은 분야에서 생생한 체험을 할 수 있을 것이다. 역사나 사회의 경우 역사에 대한 간접 경험을 하게 할 수 있으며, 이순신 장군과 같은 위인과 가상의 만남을 가능하게 할 수도 있다. 교과서에 나오는 다양한 지역을 직접 탐방하는 것도 가능하다.

구글의 익스페디션 파이오니아 프로그램(Expeditions Pioneer Program)은 VR로 만리장성에서 화성까지 다양한 지역의 모습을 현장 체험할 수 있도록 보여주고 있다.

스마트폰이나 카드 보드(VR 콘텐츠를 볼 수 있는 저가 헤드셋. 두꺼운 종이로 되어 있으며 종이와 몇 가지 재료만 있으면 누구나 만들 수 있다.)만 있으면 누구나 체험할 수 있는 이 프로그램은 2015년 9월 출시된 이래로 전 세계 50만 명이 넘는 학습자가 체험했다. 교사는 이 프로그램을 통해 교과서에 나오는 곳을 생생하게 체험할 수 있도록 마법을 부릴 수 있는 것이다.

국내 A병원에서는 화재 예방 교육 콘텐츠를 기획·제작하는데 있어 몰입감과 학습 효과를 높이기 위해 VR 콘텐츠로 제작하기로 했다. 전체 프로그램은 다양한 미션을 제시한다. 화재 시 환자를 탈출시키는 방법, 화재 발생 시 탈출하는 방법, 소화기 활용법 등이 그것이다. 프로그램을 신청한 학습자는 우선 2~3분짜리 영상을 본 뒤, A병원 지하에 있는 VR 러닝센터로 가서 VR 헤드셋을 착용하고 컨트롤러를 잡은 뒤 실제 화재 시뮬레이션 상황을 체험하고 미션을 해결하면 수료할 수 있는 프로그램이다.

해당 콘텐츠는 A병원 임직원들에게 인기가 많았으며, 기존 동영상 중심의 화재 예방 교육을 기피했던 직원들도 삼삼오오 모여서 VR 러닝센터로 내려갔다. 가장 큰 이유는 재미있기 때문이라고 한다.

VR과 게임 러닝이 교육 프로그램의 효과를 직접적으로 높인다

VR 기반의 화재 예방 교육

출처 : 휴넷

면, 게이미피케이션은 간접적으로 학습자들의 학습 성과를 높일 수 있는 좋은 방법이다.

게이미피케이션은 'Game'과 'Fication(化)'의 합성어로, 게임이 가지고 있는 특성, 즉 게임적인 사고와 디자인적인 요소 등을 활용하여 사용자가 몰입할 수 있도록 하거나, 문제를 해결할 수 있도록 만드는 과정을 의미한다.

다시 말해, 게이미피테이션의 교육적 활용은 게임 요소 중 일부를 활용해 교육에 몰입하고 교육 효과성을 높이는 과정을 말한다. 즉 게임을 활용하는 것이 아닌 게임 메커니즘을 활용하는 것이다.

게임 메커니즘은 대표적으로 포인트(포인트 부여 등), 배지(성취에 따른 보상 제공 등), 레벨(1~9레벨 형식으로 자신의 수준 표시 등), 시뮬레이션(선택에 따라 다양한 피드백이 나오도록 하는 것 등), 아바타(자신의 아바타 설정 등), 리더 보드(이번 달 학습왕 등을 게시) 등이 있다.

딜로이트 아카데미는 온라인 기반의 리더십 교육 프로그램으로, 14개 이상의 나라에서 5만 명이 넘는 임직원들이 참여하는 딜로이트의 사내 리더십 교육 프로그램이다.

교육생들은 온라인 교육 포털을 통해 하버드 경영대학원, 스탠퍼드 경영대학원, 멜번 대학 등 다양한 교육 기관에서 제공하는 프로그램을 수강할 수 있는데, 게이미피케이션 요소인 배지, 리더 보드, 미션 등의 요소를 적용해 교육 효과를 극대화하고자 했다. 학습자는 이수한 강의에 따라 포인트와 배지를 획득하고, 점수가 높은 사람은 리더 보드에 오르는 형식으로 인사 시스템과도 연계시켜 직원들의 학습 동기에 많은 영향을 주고 있다.

실제 게이미피케이션을 적용한 결과 하루 동안 교육 사이트에 접속하는 직원들의 수가 46.6% 상승했으며, 주별로 봤을 때는 접속 교육생 수가 36.3% 증가했다고 한다. 이를 통해 조기에 리더십 아카데미를 졸업하는 학생과 교육 이수에 따른 배지 획득자가 증가하는 등 게이미피케이션 적용만으로 학습 동기를 높이는 많은 효과를 본 사례라 할 수 있다.

게이미피케이션에서 자주 활용되는 방법으로는 다음과 같은 특징을 갖고 있다.

포인트

게이미피케이션에서 가장 많이 활용하는 방식으로 학습자의 행동에 따라 점수를 부여하는 방식이다. 포인트는 학습을 시작하는 동기부여와 동시에 계속적으로 학습 사이트에 접속하게 만드는 역할도 한다. 예를 들어 로그인할 때마다 지속적으로 포인트를 부여할 경우 학습자에게 학습 사이트를 자주 이용하게 만들 수 있다. 또한 포인트는 게이미피케이션의 기본이 되는 방법으로 학습 활동에 따른 보상을 부여하여 학습과 관련된 활동을 지속적으로 유도할 수 있다.

배지

일정 포인트의 도달, 미션의 성공에 대해 배지를 부여하는 형식이다. 배지는 학습자들의 학습 경로를 제시해줄 수 있다. 한 가지 배지를 획득하고 더 획득해야 할 배지는 무엇인지에 대해 보여주어 학습자들의 성취 동기를 자극할 수 있다. 또한 학습 수료에 따른 배지를 취득할 경우 학습자가 모든 학습을 종료할 수 있도록 동기를 부여하는 특징이 있다.

레벨

학습자의 수준에 따라 레벨을 나누는 방법이다. 평민, 귀족, 왕족, 왕, 신 등으로 등급을 나누어 자신의 레벨을 확인시켜 준다. 레벨은 학습자들의 상위 레벨로의 성취 동기를 자극한다. 레벨 3의 학습자가 레벨 4의 학습자로 가기 위해 어떤 학습 활동을 해야 하는지에 대한 동기를 부여한다.

리더 보드

학습자들의 랭킹을 보여주는 형식이다. 1위부터 10위까지의 학습 현황을 보여준다든지, 학습 참여율 순위를 보여주는 방식이다. 또한 리더 보드는 경쟁의 요소를 자극하는 방법이 될 수 있다. 자신의 상대적인 순위를 알려주어 상대방과의 경쟁을 유도함으로써 자연스럽게 학습 활동을 촉진할 수 있다.

챌린지

챌린지는 미션을 부여하는 형식으로, 이번달 퀴즈왕 선발 등 다양한 방식으로 도전하게 할 수 있다. 챌린지는 학습자에게 미션을 부여해 학습 목표에 부합하는 활동을 유도할 수 있는 방법이다. 포인트, 배지, 리더 보드 등과 결합해서 효과를 극대화할 수 있는 특징을 가지고 있다.

게이미피케이션의 방법은 한 가지로도 활용이 가능하지만 묶어서 적용할 수 있는 것이다. 모든 게이미피케이션의 방법이 종합적으로 적용될 수도 있고, 포인트와 배지, 레벨만 적용하는 경우도 있다.

디지털 테크놀러지를 교육에 적용할 때는 학습자와 학습 목표에 맞는 적절한 게이미피케이션을 활용하는 것이 가장 좋은 방법이다. 또한 게이미피케이션의 적용을 온라인으로 한정할 필요는 없다. 오프라인 교육 시에도 오프라인 형태의 포인트를 준다거나 리더 보드, 배지 부여 등은 얼마든지 활용할 수 있으며 학습 효과를 극대화하는 데도 도움이 된다.

학습에서 몰입은 매우 중요한 시작점이다. 몰입이 있어야 배움이 있고 배움이 있어야 성장이 있다. 많은 교육자들이 학습 몰입에 집중하는 것은 그만큼 몰입이 교육과 학습에 미치는 영향이 크기 때문이다.

VR, 게임, 게이미피케이션은 이런 학습 몰입을 도와주는 것이지 만병통치약은 아니다. 하지만 학습 몰입이라는 중요한 과제를 도와주고 촉진할 수 있는 획기적 방법인 것만은 확실하다. VR, 게임, 게이미피케이션을 적극적으로 활용하고 이를 통해 학습 몰입을 창출할 때 학습 몰입의 방법론과 교육은 한 단계 더 성장할 것이다.

비정형 학습과
학습 경험 설계

교육학자 페스탈로치는 자신의 책 《백조의 노래》에서 '생활이 교육한다'라는 말을 했다. 이는 일상의 삶 그 자체가 곧 교육임을 강조한 것이다. 페스탈로치는 자연스러운 교육, 학습이 머리, 가슴, 손과의 조화 속에서 펼쳐져야 한다고 주장했다.

그동안 우리는 교육과 일을 분리해 생각했다. 취업을 해서도 연수원에서 2~3일 정도만 교육을 진행했고, 현업에 돌아가서는 각자가 배운 내용을 바탕으로 현장에 적용하도록 했다. 이러한 방식은 산업화 시대에 가능했던 방식이다. 제조업 중심의 산업화 시대에는 표준화가 매우 중요한 이슈였고, 이런 표준을 구성원들이 빠르게 익혀야 했다. 이런 관점에서 연수원이나 교육장에 학습자를 모아 일방향으로 교육하는 것은 비용 대비 효율성 측면에서 매우 합리적인 방식이었다.

하지만 지금과 같은 4차 산업혁명 시대의 비즈니스하에서는 이런 방식이 더 이상 통용되지 않는 경우가 많아졌다. 또한 모바일 시대로 접어든 시점에 학습자들은 연수원, 교육장에 있는 콘텐츠를 각자의 손안에 있는 스마트폰으로 얼마든지 접속 가능하게 되었다.

교육 전문가 정형권은 자신의 책《거꾸로 교실 거꾸로 공부》에서 다음과 같은 내용을 소개하고 있다. 카이스트 1학년 학생들이 자발적으로 설문 조사를 실시하면서 "지난 학기에 가장 도움이 됐던 것이 무엇인가?"라고 물어보았다. 그 결과는 1위 연습문제 풀어보기, 2위 교과서 보고 공부하기, 3위 친구와 논의하기, 4위 교수 강의였다.

배움이란 교수 강의와 같이 일방향의 학습만으로 이루어지지 않는다. 문제도 풀어보고, 참고 자료도 살피고, 토론도 하고, 책도 읽으면서 이루어진다. 지금의 교육 방식은 일방향의 강의에 너무 의존하고 있는 것이 사실이다.

영국의 석학 찰스 제닝스(Charles Jennings)의 702010 모델은 우리의 배움은 일방향 교육에서만 이루어지지 않음을 강조한다. 학습은 10%만 교육으로 이루어지고, 20%는 타인을 통해, 70%는 경험을 통해 이루어진다는 이론이다.

지금까지 교육은 10%의 배움이 일어나는 정형 학습(Formal Learning)에 집중해 왔다. 하지만 우리는 다양한 학습 경험을 통해 배우고 성장한다. 정형 학습뿐만 아니라 비정형 학습(Informal Learning)을 통해 더욱 성장한다. 일과 학습의 결합 시대에서 비정형 학습과 정형 학습을 포함한 통합적 학습 경험에 집중해야 하는 것이다.

〈By Learning in the Workplace Survey 2020〉이라는 제인 하트(Jane Hart)의 연구 조사는 비정형 학습이 점점 더 중요해지고 있음을 알려 준다. 해당 조사에서는 "교육 전문가들에게 앞으로 가장 필수적이고 중요한 교육 방식은 무엇인가?"라는 질문을 했다. 1위는 업무 경험, 2위 지식 공유, 3위 웹서치, 4위 피드백 & 가이드, 5위 웹자료, 6위 코칭·멘토링, 7위 전문가 네트워킹, 8위 회사 내 성과 지원 자료, 9위 블로그였다. 1위부터 9위까지 모두 비정형 학습과 관련된 것이었다. 그렇다면 10~12위는 어떤 것일까? 10위는 이러닝, 11위는 컨퍼런스 참여, 12위는 오프라인 교육이었다.

지금의 교육은 아쉽게도 10~12위에 해당되는 정형 학습에 너무 많은 투자를 하고 있다. 통합적인 학습 경험을 설계해주고 관리해주는 것이 향후 교육에 남겨진 과제가 될 것이다.

학습 경험을 지원하는 플랫폼으로 대표적인 곳이 디그리드(Degreed)다. 디그리드는 세계 최초의 평생 학습 플랫폼 기업으로 '학위와 관련된 제약을 없애자'라는 미션 아래 설립되었다. 300만 명 이상의 사용자를 확보하고 있는 디그리드는 전문가가 될 수 있는 방법은 매우 다양하며, 모든 방식의 학습은 유의미하다고 믿는다. 공식적으로 인증된 학위나 자격증 취득과 같은 전통적인 학습 방식이든, 비공식적이고 자기주도적인 방식이든, 특정 지식이나 기술이 필요해지는 순간에 배우는 방식이든 모든 학습자들은 자신에게 최적화된 학습 경험을 통해 최고의 성과를 창출할 수 있다는 것이다. 학습자들이 빠르고 비용 효율적으로 배울 수 있도록 돕기 위해 이들이 학습을 위해 사용하는 모든 리소스들(이러닝을 포함하여 비디오, 기사, 도서, 팟캐스트 및 전문가 연결)과 자사의 학습 플랫폼을 연결했다.

디그리드의 학습 플랫폼 안에서 기업은 직원들이 업무 수행을 위해 도달해야 하는 전문성의 수준, 또는 직원들 스스로가 계발하고자 하는 역량의 목록을 작성하고 관리할 수 있다. 개인이 등록한 목표와 관심사 데이터를 기반으로 학습자들의 목표와 관련성이 높은 콘텐츠를 선별해 적시에 제공함으로써 교육을 '성공에 대한 데이터 예측'으로 전환시킨다. 그뿐만 아니라 이 플랫폼을 통해 축적되는 데이터는 조직 전반에 어떤 공백이 존재하며 향후 개발 및 인재 채용에서 어떤 영역에 집중해야 하는지도 알려준다.

디그리드와 같은 플랫폼을 LXP(Learning eXperience Platform, 학습 경험 플랫폼)라고 하는데, 학습 경험을 통합적으로 관리하고 지원할 수 있는 학습자 중심의 플랫폼이다. 이러닝에서 우리는 LMS(Learning Management System, 학습 관리 시스템)를 메인 플랫폼으로 활용했었는데, 최근 교육 시스템의 근간이 LMS에서 LXP로 빠르게 이동하고 있다. HR 전문가 조시 베르신에 따르면 LMS 시장은 매년 역성장하는 반면 LXP 시장은 2019년까지 매년 2배 이상씩 급성장하고 있다.

LXP의 가장 큰 특징은 맞춤형 학습 경험을 지원하는 시스템이라는 것이다. 교육뿐만 아니라 독서 학습, 블로그, 기사, 오디오북 등 다양한 학습 경험을 통합적으로 제공한다. 더불어 LXP는 인공지능 기술과 결합해 맞춤형으로 학습자에게 꼭 맞는 학습 경험을 추천하고 학습하게 만드는 것이 특징이다.

그렇다면 LMS와 LXP의 차이는 무엇일까? 가장 큰 차이는 LMS는 정형 학습을, LXP는 정형 학습과 비정형 학습을 통합적으로 제공한다는 데 있다. LMS는 이러닝 콘텐츠를 일방향으로 전달하는 지상파 TV와 비슷하다면, LXP는 학습자 개개인에게 맞춤형 학습 경험을 추천하는 넷플릭스나 유튜브와 비슷한 플랫폼이라고 이해하면 좋을 것이다. 또한 LMS가 교육 관리자 중심의 시스템이라면, LXP는 학습자 중심의 시스템이라는 점도 큰 차이점이 될 것이다.

LXP가 교육 시스템의 대세로 자리 잡고 있는 상황에서 교사의 설계 역할도 다르게 요구받고 있다. LXD(Learning eXperience Design)로 학습 경험 설계라는 개념이 그것이다. 우리는 교사를 흔히 ID(Instructional Design), 즉 교수 설계를 하는 사람이라 일컫는다. 교수 설계자는 전통적인 정형 학습을 설계하는 역할을 담당하는 사람으로, 오프라인 교육이나 이러닝을 설계하는 사람을 의미한다. 그런데 LXD는 정형 학습을 넘어 비정형 학습까지 통합적으로 설계함을 의미하는 개념이다. 디지털 기술의 발달과 비정형 학습의 중요성 증대는 LXD를 교사들의 중요한 역할로 강조하고 있다.

ID와 LXD의 가장 큰 차이점은 정형 학습만을 설계하는 것이 아니라 정형 및 비정형 학습을 설계한다는 점이다. 오프라인 교실에서 수업을 설계하는 것에 그치지 않고 교실 밖에서 또는 디지털 환경하에서의 학습 경험을 수업 설계에 반영하는 것이다. 교실에서 독도에 대해 수업했다면, 독도 체험관을 현장 학습하게 하고 독도와 관련된 블로그를 찾아보게 하거나 독도에 관한 사진들을 학급이 공유하는 밴드에 올리도록 하는 방법으로 설계하는 것이다.

교수 설계와 학습 경험 설계의 차이점

교수 설계	학습 경험 설계
정형	정형 & 비정형
교육적 툴	다양한 툴
일회성 이벤트	장기간의 프로세스
교수자 중심	학습자 중심
학습 관리 시스템(LMS)	학습 경험 플랫폼(LXP)

VS

학습자 입장에서는 독도에 대한 수업뿐만 아니라 다양한 학습 경험을 통해 학습한 내용을 오랫동안 기억할 수 있다. 또한 이런 경험을 바탕으로 확장된 학습의 활용을 촉진시키게 될 것이다.

LXD는 ID와 달리 교육적인 툴이 아닌 다양한 툴을 활용하게 된다. 예를 들어 VR을 활용하기도 하고, 때로는 검색 창이나 블로그를 활용하기도 한다. LXD는 일회성 이벤트가 아닌 장기간의 프로세스를 가정하여 다양한 학습 경험을 하게 만드는 것이 특징이다. 또한 교수자 중심이 아닌 학습자 중심이며, LMS 기반이 아닌 LXP를 활용한다는 점도 ID와 다르다.

그렇다면 LXD, 즉 학습 경험의 설계는 어떻게 하면 될까? 두 가지만 기억하면 되는데, 바로 상호작용과 독립적 설계다. 학습

학습 경험 설계 방식의 두 가지 요소

정형	오프라인 교육, 이러닝 의존	10
비정형	상호작용 (소셜 & 협업)	20
	상시 제공 (툴 & 정보)	70

경험적인 측면에서 상호작용의 설계와 독립적 학습 자료와 툴을 지속적으로 제공하는 것이 핵심이다.

상호작용은 학습자와 교사와의 상호작용만 설계하는 것이 아니다. 학습자와 학습자끼리, 그리고 학습자와 콘텐츠 또는 디지털 환경과의 상호작용을 설계하는 것이다.

독립적인 학습 자료와 툴은 학습 내용과 연관되어 심화 학습 또는 학습 현장에서 활용되는 요소들을 적시에 적절하게 설계하는 것이 중요하다.

위에서 설명한 두 가지 설계 요소를 포함하면 정형 학습과 비정형 학습이 포함된 포괄적인 학습 경험 설계가 이루어지게 되는 것이다.

조금 더 구체적으로 설계 요소들을 살펴보면 다음의 표와 같다. 다음의 표를 활용하는 예를 들어 보면,

만일 중학교 1학년 신입생을 대상으로 한 학기 동안의 학습 경험을 설계하고자 한다. 그렇다면 교사는 기본적으로 오프라인과 온라인 수업 외에 단계별로 설계해 나갈 수 있다. 중학교 1학년이니 오리엔테이션 영상을 포함할 수 있으며, 꼭 필요한 필수 도서들을 프로그램 전체에 반영한다. 학생들이 중학교 생활에 더 잘 적응할 수 있도록 중학교 2학생들과 멘토링을 연결시켜 준다. 그리고 학생들의 학

학습 경험 설계의 다양한 방법

상호작용	상시 제공	
소셜 & 협업	툴 & 정보	**교육이 필요한 순간**
	오리엔테이션 영상, 마이크로 러닝	처음 배울 때
온라인 포럼, 팟캐스트	도서 서비스, 기사 서비스	더 알고자 할 때
성과 공유 게시판, 멘토링, SNS 연결	워크시트, 진단지, 적용 사례	학습에 적용하고자 할 때
코칭, 전문가 Q&A 게시판, 문제 해결 워크숍	논문 및 전문 지식 서비스, 원클릭 해결 방안	문제가 생겼을 때
전문가 연결, 외부 세미나	실습 시뮬레이션	변화가 필요할 때

습 성향을 파악할 수 있는 진단 또한 프로그램 안에 포함시킨다. 수시로 교사에게 질문할 수 있는 Q&A 게시판을 만들고, 외부 전문가들과의 온라인 세미나 시간도 함께 프로그램에 포함시킨다.

어찌 보면 그동안 교사들이 많이 해 왔던 방법일 것이다. 이런 방법을 보다 체계화하고 고도화시키는 것이 바로 LXD라고 이해해도 무방하다.

교사들은 학습 경험 설계가 학습 효과를 극대화시킨다는 점을 기억해야 한다. 산업화 시대와 달리 현대사회 학습자들은 교실에서만 학습하지 않는다. 유튜브, 검색엔진, 블로그 등 다양한 학습 경험을 통해 배우며 성장한다. 학습자를 위한 학습 프로그램 설계는 이처럼 다양한 학습 경험들을 어떻게 자연스러운 흐름에서 통합적으로 제공하느냐에 달려 있다.

학습 경험을 설계하기 위해 거창한 플랫폼이 꼭 필요한 것은 아니다. 교사의 학습자 중심 마인드와 통합적 학습 설계를 제공하려는 의지만 있다면 얼마든지 가능하다. 학습자와 함께 활용하는 밴드나 카페 등으로도 충분히 상호작용 요소와 독립적 자료나 툴을 제공할 수 있기 때문이다.

모바일 시대의 교육: 마이크로 러닝(짤강)

짤방(짧은 방송), 짤강(짧은 강의)이란 용어는 모바일에 익숙한 젊은 세대들이 많이 사용하는 단어다. 인터넷에서 모바일로 그 중심이 이동함에 따라 콘텐츠의 길이 역시 점점 짧아지고 있다. 짧은 방송으로 대표되는 유튜브의 인기 콘텐츠도 3분 내외가 대부분이다. 젊은 층의 선풍적인 인기를 끌고 있는 틱톡에서는 이보다 더 짧은 1분 이내의 콘텐츠가 생산·공유되고 있다.

모바일 중심의 콘텐츠는 점점 짧아지고 있다. 이런 현상을 반영하듯 교육 콘텐츠 또한 점점 더 짧아지고 있다.

모바일 시대, 이에 적합한 짧은 교육 콘텐츠를 의미하는 것이 바로 마이크로 러닝이다. 마이크로 러닝은 작은 단위(Small learning unit), 짧은 길이(Short-term)의, 한 번에 소화할 수 있는 (Digestible) 학습 콘텐츠 혹은 학습 활동을 의미한다.

Bull City Learning의 카라 토거슨은 마이크로 러닝을 '5분 이내로 소비할 수 있는 콘텐츠'로 정의했으며, 5분 정도의 분량을 지닌 동영상이나 이러닝, 3~5페이지로 정리된 문서, 1개의 인포그래픽 등이 여기에 해당된다고 말한다. 섀넌 팁톤(Shannon Tipton)은 '구체적인 결과를 얻을 수 있는 적절한 크기의 콘텐츠'라고도 정의한다.

마이크로 러닝은 글로벌 교육의 핵심 키워드로 떠오르고 있다. 그 이유로는 크게 세 가지를 들 수 있다.

첫 번째는 바로 모바일 시대의 도래다. 각종 조사에서 현대인들은 하루 평균 3~4시간 정도 모바일에 접속해 있으며, 90% 이상의 정보를 모바일을 통해 습득한다. 기업 비즈니스 전략을 제공하는 버신 바이 딜로이트(Bersin by Deloitte)의 보고서에 따르면 '직장인이 교육 콘텐츠에 집중할 수 있는 시간은 하루 평균 4분이며, 직장인이 교육에 시간을 할애할 수 있는 부분은 전체 업무 시간 중 1%에 불과하다'라고 강조했다. 또한 직장인들이 한 시간에 평균 9회 정도 모바일 기기를 확인한다는 점도 언급했다.

모바일은 이제 삶의 중심이 되었고, 콘텐츠의 소비 역시 대부분 모바일에서 이루어진다. 이러한 상황에서 컴퓨터 앞에서

40~50분간 시간을 투자해 학습한다는 것은 적절하지 않다. 그보다는 모바일 기기를 통해 언제 어디서나, 필요할 때마다 학습을 수행하는 것이 보다 효과적이다. 이에 따라 교육 콘텐츠 역시 모바일 환경에 가장 적합한 형태, 즉 짧은 길이로 구성할 필요성이 높아지고 있다. 그리고 이러한 니즈에 최적화된 교육 방법론이 바로 마이크로 러닝이다.

두 번째는 검색 중심의 콘텐츠 소비 시대라는 것이다. 오늘날 지식의 양은 기하급수적으로 증가하고 있다. 이런 지식을 모두 소화하는 것은 사실상 불가능하다. 때문에 우리는 검색을 통해 자신에게 필요한 콘텐츠를 탐색하고 소비한다. 어떤 것이 궁금할 때 우리가 가장 먼저 하는 행동은 무엇인가. 바로 검색이다.

그렇다면 과연 기존의 교육 콘텐츠들은 검색에 적합할까? 만약 어떤 학습자가 손익분기점(BEP; Break-Even Point)의 개념적 정의를 알고 싶어 한다면 어떤 검색어를 입력해야 할까? BEP라는 키워드를 입력했을 때 원하는 콘텐츠를 찾을 수 있을까?

아쉽게도 지금의 교육은 학기 단위, 월 단위 등 큰 단위의 교육 과정으로 구성되어 있다. 이런 경우 작은 단위의 학습 주제는 탐색할 수가 없다. 때문에 학습자는 자신이 알고 싶은 하나의 세부 주제를 학습하기 위해 한 달짜리 온라인 과정을 모두 찾아봐야 하는 비효율을 감내해야만 한다.

현재의 교육 시스템에서 검색어 기반의 학습을 적시에(Just in Time) 제공하는 것은 쉽지 않다. 하지만 학습자는 검색으로 적시에 적합한 콘텐츠를 적합한 방법으로 만나고 싶어 하며, 이러한 니즈를 충족시킬 수 있는 콘텐츠가 바로 마이크로 러닝인 것이다.

마지막 세 번째는 밀레니얼 세대 및 Z세대의 선호도다. 딜로이트는 2025년까지 밀레니얼 이하 세대가 전 세계 노동 인력의 75%를 차지할 것이라고 전망한 바 있다. 모바일 환경과 그에 최적화된 콘텐츠 소비 패턴에 익숙한 이들의 등장은 마이크로 러닝의 필요성과 당위성을 강화하고 있다. 기존 세대가 강의식 오프라인 교육과 긴 분량의 온라인 교육에 익숙했다면, 짧은 콘텐츠를 선호하고 능동적으로 콘텐츠를 소비하는 디지털 네이티브에게 최적화된 학습 방법론은 마이크로 러닝이다.

홈디포는 매장에 근무하는 직원들의 학습에 있어 일방향의 이론중심적 오프라인 교육과 온라인 교육에 한계를 느끼고 있었다. 그리고 보다 현장 중심으로 학습시킬 방법을 고민하다가 마이크로 러닝을 전격 도입했다. 별도의 마이크로 러닝 플랫폼을 구축하지 않고 현장에서 쓰는 업무용 단말기를 통해 업무에 바로 활용할 수 있는 콘텐츠를 제작·공급했다. 이런 교육 부서의 노력에 학습자의 90%가 현장에서 유용했다고 답변하고 있으며, 기존의 정형적 학습보다 46일 정도 빨리 학습을 완료하는 성과를 보였다.

IBM은 애자일(Agile)한 비즈니스 환경에서 가장 적합한 임직원 교육 방법으로 마이크로 러닝을 규정하고 본격적으로 도입하기 시작했다. 자체 제작 영상뿐만 아니라 다양한 자료를 함께 학습할 수 있도록 만들었다. 그리고 인공지능 엔진을 통해 임직원 개개인에 맞는 마이크로 러닝을 추천해주었다. 그 결과 일평균 3만 명이 넘는 임직원들이 접속하고 있으며, 그 효과가 뛰어나다고 발표하고 있다.

그렇다면 마이크로 러닝은 어떻게 활용해야 할까? 이 부분에 대해 함께 살펴보고자 한다.

마이크로 러닝은 영상 콘텐츠를 주력으로 한다

마이크로 러닝이 꼭 영상 콘텐츠여야 할까? 결론부터 말하자면 그렇지는 않다. 효과적인 마이크로 러닝 운영을 위해서는 영상 콘텐츠를 기본으로 삼되 이미지, 문서, 차트 등 다양한 유형의 콘텐츠를 보완적으로 활용하는 것이 필요하다.

하지만 유튜브를 중심으로 영상 콘텐츠에 대한 선호도가 급상승하고 있으며 젊은 학습자들의 경우 영상을 텍스트보다 선호하는 점은 염두에 두어야 한다. 또한 IBM 컨설턴트 데이비드 피플즈(David Peoples)는 자신의 책 《프레젠테이션 플러스(Presentations

Plus)》에서 그림은 말보다 3배의 효과가 있고, 말과 그림을 같이 소개하면 말로만 하는 것보다 6배의 효과가 있다고 강조했다.

이러한 점을 고려했을 때 학습자의 선호도가 교육 효과 측면에서 높은 동영상 콘텐츠를 기반으로 마이크로 러닝을 구성하는 것이 좋다. 그래픽, 텍스트, 블로그 등 다양한 콘텐츠를 활용하는 부분은 학습의 다양성과 콘텐츠 소스의 확장 측면에서 유용한 것은 물론이다.

마이크로 러닝 플랫폼보다 킬러 콘텐츠가 중요하다

A사는 대형마트를 운영하는 회사다. 현장에 근무하는 직원들이 많아서 이러닝보다는 마이크로 러닝이 더 적합하다고 생각해 현장에 근무하는 직원 대상의 직무 교육을 마이크로 러닝 기반으로 개편했다. A사는 마이크로 러닝 플랫폼을 구축하고 다양한 방법을 시도했지만 효과가 없었다.

늘어나는 중국인 관광객으로 인해 중국어에 대한 니즈가 직무상 급증하는 것을 발견하고, 바로 현장에서 활용할 수 있는 3~5분짜리 중국어 콘텐츠를 1차적으로 제작해 마이크로 러닝 플랫폼에 탑재했다. 반응은 폭발적이었다. 중국어 콘텐츠는 학습자들의 입소문을 타고 퍼져 나갔으며, 기존에 인기가 없었던 다른 콘텐츠까지 접속량이 급증했다. 월평균 1,200건에 불과했던 학습 건수가

1만 7,200건까지 급증했다.

아무리 마이크로 러닝 플랫폼을 잘 만들었다고 해도, 학습자들을 유인할 만한 요소는 반드시 필요하다. 때문에 학습자들이 매력적으로 여길 수 있는 킬러 콘텐츠를 마련해야 하며, 이를 지속적인 학습 활동의 촉발을 위한 방아쇠이자 마중물 콘텐츠로 삼아야 한다. 학습자는 마이크로 러닝 자체를 수행한다기보다는 자신에게 필요한 콘텐츠를 찾으려 한다는 점을 기억해야 한다.

마이크로 러닝 또한 콘텐츠가 가장 중요하다. 우리가 극장을 아무리 멋있게 지어 놓는다 하더라도, 결국 관객은 극장이 아니라 영화를 보러 온다는 것이다. 마찬가지로 마이크로 러닝 플랫폼이 아무리 멋있어도, 그 속에서 학습자들이 배우며 성장할 수 있는 콘텐츠가 별로라면 마이크로 러닝 서비스는 외면받을 것이다.

마이크로 러닝은 3S 전략을 활용한다

마이크로 러닝 콘텐츠는 짧게(Short), 간결하게(Simple), 구체적이고 명확한 콘셉트(Single Concept)라는 세 가지 콘텐츠 제작 방식을 반영한다.

그 첫 번째로 마이크로 러닝은 분량이 짧아야 한다(Short). 72초TV에 대해 들어본 적이 있는가? 72초TV는 72초짜리 드라마를 이야기하는데, 모바일 환경에서 젊은 층을 중심으로 크게 확산되고 있다. 이는 모바일 환경에서 스낵컬쳐의 확산을 의미하는데, 스낵컬쳐란 간단한 스낵을 먹으면서 함께 즐길 수 있는 콘텐츠를 말한다. 즉 시간과 장소에 상관없이 가볍게 즐길 수 있는 문화 트렌드를 의미한다. 인터넷 만화, 웹툰이 대표적이며 최근 들어서는 드라마, 영화, 예능 프로그램 등이 하이라이트 부분만 편집되거나 72초TV와 같이 아예 짧은 드라마로 제작되기도 한다. 공통적인 특성은 10분 이내로 콘텐츠가 생성된다는 점이다.

72초TV 외에 43초TV도 등장했었는데, 이는 20대가 모바일 영상에 집중할 수 있는 시간이 평균 43.1초라는 연구 결과를 반영해 드라마 제작을 43초로 만든 사례라 할 수 있다.

마이크로 러닝은 모바일 환경을 가정하기 때문에 짧은 콘텐츠로 제작하는 것이 좋다. 따라서 5분 내외의 콘텐츠로 제작하는 것이 일반적이다.

두 번째로 마이크로 러닝은 단순하고 간결해야 한다(Simple). 마이크로 러닝 환경은 스마트폰이 대부분을 차지한다. 이런 연유로 스마트폰에 최적화되어 제작되고 있는 것이 사실이다. 스마트폰은 PC나 태블릿 환경보다 스크린 자체가 작다. 따라서 학습 콘텐츠 구성에 있어서 복잡하게 구성하는 것이 아니라 최대한 단순화된 콘텐츠를 반영해야 한다. 스마트폰 환경에서는 100자 이상의 글자가 들어가면 가독성이 매우 떨어진다. 마이크로 러닝은 이런 측면에서 한 화면에 100자 이내의 콘텐츠가 들어가는 것이 중요하다.

마지막으로 학습 콘텐츠는 구체적이고 명확해야 한다(Single Concept). 마이크로 러닝이 짧고, 간결함을 추구하다 보니 콘텐츠 내용적인 측면에서도 대주제가 아닌 소주제 중심으로 콘텐츠를 생산하고 있다. 예를 들어 '영업 능력 향상 과정'이 아닌 '한 시간 이내에 고객을 설득하는 방법', '처음 만난 고객과 공감하는 방법' 등 보다 구체적이고 명확한 목표를 제시하는 콘텐츠가 마이크로 러닝으로 제작된다.

다시 말하면, 구체적이고 명확해야 한다는 의미의 마이크로 러닝은 모바일 시대의 특징을 반영한 것으로 학습자들에게 치즈를 통째로 먹게 하는 것이 아니라 먹기 좋은 개념으로 잘게 나누어서, 슬라이스 치즈와 같은 형식으로 쉽게 학습할 수 있도록 해주는 것을 의미한다.

하나의 개념 - 하나의 행동 변화 - 하나의 결과물 원리를 활용한다

마이크로 러닝은 '1Concept - 1Behavior - 1Outcome', 즉 하나의 개념으로, 하나의 행동 변화를 촉진하고, 하나의 결과물을 창출하는 것을 원칙으로 삼아야 한다. 이러한 접근은 학습자들이 배운 것을 현장에서 바로 활용할 수 있도록 하는 데 있다.

시티 그룹의 샵비모어(#Bemore) 프로그램은 이런 방법을 잘 활용한 예다. 이 프로그램의 목적은 '소셜 러닝을 통해 직원 스스로 발전할 수 있도록 돕는 것'이며, 유명인사와 조직의 임원이 특정 분야에서 성공하기 위해 어떤 경험을 하고 어떤 노력을 기울였는지에 대한 인터뷰 콘텐츠를 제공하여 학습을 독려한다. 아울러 30일이라는 기간 동안 매일 10분짜리 교육을 듣고 집과 회사에서 실천할 수 있는 '30day Development'를 통해 학습자 스스로 행동 변화를 이끌어낼 수 있도록 돕는다.

영상을 보는 것에서 그치는 것이 아니라 영상 구독 이후에 자신의 행동 변화 계획을 작성하도록 한다. 그리고 그 계획에 따른 성과를 기록하게 함으로써 실질적인 행동 변화를 창출하게 만든 사례다.

마이크로 러닝을 사전 및 사후 학습에 활용하는 것이 효과적이다

교육이란 학습에만 국한된 것이 아니다. 배운 것을 기억해야 하고, 기억한 것을 활용하게 해야 제대로 된 교육을 받았다고 말할 수 있다.

마이크로 러닝을 학습에만 활용한다고 생각할 필요는 없다. 배운 것을 기억하고 활용하게 만드는 것도 마이크로 러닝을 활용하는 좋은 방법이다. 또한 사전 학습에도 마이크로 러닝을 사용할 수 있다.

수학 시간에 인수분해에 대한 내용을 배웠다면, 일주일 뒤 마이크로 러닝을 활용해 실전 문제 풀이 영상을 보내줄 수 있다. 그리고 그다음 주에는 인수분해 문제를 전송해 직접 풀어보게 하는 방식으로 마이크로 러닝을 활용할 수 있다.

역사 시간에 광개토대왕에 대한 수업을 진행한다면, 사전 학습으로 광개토대왕 이전의 고구려 왕들에 대해서 간략한 소개 영상을 보여주어도 학습 효과를 향상시킬 수 있을 것이다.

마이크로 러닝을 학습에 한정해서 생각하지 않아도 된다. 마이크로 러닝은 작은 단위의 콘텐츠로 SNS, 학교 홈페이지, 단체 대화방 또는 메일 등 다양한 채널로 제공할 수 있다. 또한 손쉽게 만들 수 있기 때문에 다양한 활용 방식으로 확장해서 생각하는 것이 필요하다.

마이크로 러닝만으로 모든 학습을 효과적으로 할 수 있는가

마이크로 러닝이 대세라면 이제 이러닝이나 오프라인 학습과 같은 것은 필요 없는 것일까? 결론부터 말하자면 그렇지는 않다. 짧은 학습 단위만으로 기본기를 충실히 갖추게 만드는 것은 어려운 일이다. 또한 깊이 있는 지식을 배워야 할 때 마이크로 러닝은 한계가 있다.

매크로 러닝(이러닝 또는 오프라인 교육)과 마이크로 러닝의 적절한 조화가 필요하다. 처음 배우는 내용이나 전문적인 심화 학습이 필요할 때는 매크로 러닝이 효과적이다. 마이크로 러닝은 이런 지식이 밑바탕 되었을 때 현장에서 복습하고 활용하거나 바로 필요한 지식을 찾아볼 때 효과적이다.

모바일 환경이 발전하면서 현대인들은 대부분의 정보를 모바일을 통해 접하고 있다. 이런 환경에서 교육은 그들이 선호하고 많이 이용하는 모바일 점유율을 확장해야 한다. 이를 위해서는 모바일 환경에 최적화된 마이크로 러닝에 대한 이해와 활용이 중요하다.

경계가 없어지는
에듀테크 시장

국내 최대 컨설팅 회사 중 하나인 딜로이트 컨설팅의 김경준 부회장은 4차 산업혁명을 '경계의 붕괴'로 표현한다.

일본 최대 전자상거래 기업인 라쿠텐(Rakuten)은 일본 전체 인구의 80%가량이 사용한다. 라쿠텐의 매출을 분석해보면 가장 많은 매출을 기록한 분야가 쇼핑이 아닌 금융이다. 라쿠텐은 신용카드, 증권, 은행 등 금융·핀테크 서비스와 함께 여행 산업(라쿠텐 트래블)까지 다양한 분야에서 사업을 전개하고 있다.

네이버는 검색 서비스와는 다소 거리가 있는 온라인 쇼핑 분야의 최대 기업으로 성장했다. 카카오는 금융 서비스와 카카오 택시 등 주력 사업 분야를 기반으로 다양한 산업으로 확장해 가고 있다. 중국의 알리바바 또한 전자상거래로 사업을 시작해 핀테크, 동영상 스트리밍 등 여러 분야로 사업을 확장하고 있다. IT로 무장한 기업들의 성장은 이렇듯 산업 간의 경계를 허물고 있다.

기존 산업의 강자들도 IT 기술에 투자해 새로운 사업으로 이동하고 있다. KB국민은행이 중고차 시장에 진입한 것, 신세계가 SSG페이를 통해 핀테크 산업에 뛰어드는 등 산업 간 경계 파괴가 빠르게 진행되고 있음을 확인할 수 있다.

교육 시장 또한 빠르게 그 경계가 허물어지고 있다. 첫 번째로 콘텐츠 사이의 경계가 파괴되고 있다. 온라인 교육 전문기관, 오

경계가 파괴되는 교육 시장

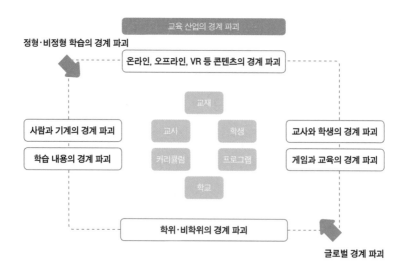

프라인 교육 전문기관이 따로 있었던 것이 최근에는 통합 교육 기관으로 진화하고 있다. 코로나19로 오프라인에서 온라인으로 중심이 이동한 교육 환경은 코로나가 종식되더라도 향후 온·오프라인의 통합적 서비스에 대한 요구가 증가할 것이다.

두 번째로 인공지능 교사의 등장은 사람과 기계의 경계 파괴를 가속화 하고 있다. 인공지능 개발 기업 AKA가 만든 인공지능 영어 원어민 교사 뮤지오는 정해진 단어를 나열하는 기존의 로봇과는 달리 자연스러운 대화를 통해 언어를 가르치고, 스스로 진화하는 어학 교육 로봇이다. 이 로봇은 학습자의 표정을 읽으며 대화 내용을 기억해 학습자와 자연스럽게 영어로 대화하는 인공지능 로봇이다. 일본에서 2018년 1,000대를 출시해 모두 판매되었으며, 일본 학교에서도 인공지능 로봇 교사로서의 역할을 다하고 있다.

세 번째로는 교사와 학생의 경계가 파괴되고 있다. 유튜브의 폭발적 성장과 SNS의 일반화는 누구나 학생이 되고 누구나 교사가 될 수 있는 환경으로 바꿔 놓고 있다. 콘텐츠만 있다면 누구든 채널을 개설해 다른 사람을 가르칠 수 있는 환경이 구축되었기 때문이다. 한 번 교사가 계속 교사가 되는 상황은 아닌 것이다. 언제 어디서든 누구에게나 배울 수 있는 새로운 산업 지형으로 바뀌고 있는 것이 사실이다. 1인 대학을 지향하는 미국의 온라인 교육 플랫폼 유데미(Udemy), 휴넷의 해피칼리지(Happycollege), 동영상 강의 플랫폼 에어클래스(Airklass) 등이 대표적인 사례다.

네 번째는 학습 내용의 경계가 파괴되고 있다. 과거에는 초중등 교육 시장, 자격증 교육 시장, 기업 교육 시장으로 시장이 구분되어 있었다. 뤼이드가 운영하는 인공지능 튜터 산타토익은 토익 시험 시장의 강자가 아니었으나 인공지능 기술을 통한 맞춤형 학습이라는 강력한 학습 모델을 통해 토익 시험 준비 시장을 장악하고 있다. 이에 그치지 않고 시험 대비라는 목표가 유사한 모델인 공인중개사 시장에도 진출하고 있다.

다섯 번째로 게임과 교육의 경계가 파괴되고 있다. 듀오링고는 어학 학습 프로그램을 모든 사람에게 무료로 제공하는 서비스다. 3억 명이 넘는 이들이 이용하는 세계 최대의 에듀테크 서비스라 할 수 있다. 루이스 폰 안(Luis von Ahn) 듀오링고 대표는 듀오링고의 성공 요인을 무료라는 점 외에 한 가지 더 들었다. 그것은 동기부여를 유지하게끔 돕는 재미라고 말한다. 듀오링고에는 다양한 포인트, 배지 등 게임 요소가 포함되어 있는데 학습을 하는 것이 아니라 게임을 하고 있는 느낌까지 들게 한다.

여섯 번째로 학위·비학위의 경계가 파괴되고 있다. 짧은 기간의 학습으로 학위를 수여하는 프로그램인 나노-디그리, 마이크로칼리지 프로그램의 성장과 확장은 학위라는 경계를 허물고 있다. 특히 학위보다 나노-디그리를 요구하는 기업이 증가하고 있는 현실은 이런 속도를 빠르게 하고 있다.

일곱 번째로 글로벌 경계가 사라지고 있다는 것이다. 에듀테크 산업은 IT 기반으로 해외 진출이 용이하다는 것이 특징이다. 스페인 기업으로 게임 러닝 회사인 게임런, 노르웨이의 게이미피케이션 툴인 카훗(Kahoot) 등은 영어를 기반으로 하는 나라의 기업은 아니지만 글로벌하게 성공한 기업들이다. 우리나라 에듀테크 기업들의 해외 진출 또한 활발하다. 에누마(Enuma)의 미국 시장에서의 성공, 메스프레소(Mathpresso)의 베트남 시장 진출, 클래스팅(Classting)의 대만 등 동남아 시장 진출, 산타토익의 일본 시장 개척 등 다양한 해외 진출 사례를 보여주고 있다.

마지막으로 정형 학습과 비정형 학습의 경계가 사라지고 있다. 교육 회사들의 최대 경쟁자로 유튜브를 꼽는 경우가 많다. 많은 교육 콘텐츠들을 유튜브에서 구독할 수 있고, 그 양이 점점 더 많아지고 있기 때문이다. 현대인의 79%가 회사에서 제공하는 교육이 아닌 유튜브, MOOC, 블로그, 전문기사, 오디오북 등 교육 외의 다양한 채널을 통해 학습 경험을 하고 있다. 이는 비정형 학습이 강조되는 이유일 것이다.

교육 시장에서 여덟 가지 경계가 파괴되는 부분을 함께 살펴보

왔다. 경계가 파괴되는 시장에서 각 기업마다 시장 선점을 위한 경쟁은 갈수록 치열해지고 있다. 다른 산업과 마찬가지로 크게 세 가지 유형의 기업들이 경쟁하는 구도로 파악할 수 있겠다.

첫 번째 유형은 IT 공룡의 교육 시장 진입이다. 〈타임〉은 '애플과 구글, 마이크로소프트의 다음 격전지는 교실'이라며 앞으로 경쟁이 격화될 것을 예고하고 있다. 구글은 구글 클래스룸을 통해 교육 시장에 진입한 지 오래다. 구글 클래스룸이 탑재된 구글 크롬북을 학교에 보급함으로써 교육 시장을 장악하려 하고 있다. 애플 또한 교육 사업을 강화하고 있으며 마이크로소프트는 마인크래프트(Minecraft), 링크드인(Linkedin), 린다닷컴(lynda.com) 등 교육용 회사를 줄줄이 인수하며 라인업을 갖추고 있다. 국내 IT 공룡인 네이버와 카카오 또한 인수 합병, 신규 서비스 개발 등으로 교육 시장에 진입하고 있다.

두 번째 유형은 기존 교육 시장 강자들의 디지털 전환이다. 기존 교육 시장의 강자인 대교, 웅진, 교원 등은 디지털 라인업을 한층 강화하고 있다. 교육 시장에서의 노하우를 바탕으로 이를 디지털화 하려는 데 주력하고 있는 것이다. 기존 교육 회사에서 에듀테크 회사로 빠르게 전환하기 위해 노력하고 있는 형국이다.

마지막 유형은 스타트업들이다. 클래스팅, 클라썸, 에어클래스, 메스프레소 등은 빠른 속도와 창의적 접근으로 교육 시장에 진입하고 있는 기업들이다. 코로나19로 인해 에듀테크 시장이 주목받는 동안 대규모 투자를 유치하며 덩치를 키우고 있다.

　글로벌 시장과 교육 시장은 마찬가지로 IT 공룡들, 기존 교육 강자들, 그리고 스타트업들의 격전의 장이 되고 있다. 경쟁하는 입장에서는 피말리는 승부일 수 있지만, 결국 이런 긍정적인 경쟁은 우리 교육을 한 단계 더 성장시킬 것이라 믿는다.

미래의 세계 1위 기업은 에듀테크 기업

"2030년 세계 최대 인터넷 기업은 교육 관련 기업이 될 것이다." 최고의 미래학자 토마스 프레이가 예견한 말이다. 그의 예견대로 에듀테크 시장은 급성장하고 있다.

시장 조사 업체 홀론아이큐(Holon IQ)에 따르면, 글로벌 에듀테크는 지난 2010년 5억 달러의 벤처캐피털 투자로 시작해 10년만인 2020년 161억 달러로 32배 이상 증가했다.

벤처캐피털 투자 중 3분의 2가량이 중국에 투자되고 있으며, 미국과 인도가 그 뒤를 잇고 있다. 또한 벤처캐피털 거래량의 절반 정도가 워크포스 분야(직업 교육, 기업 교육, 업스킬링 등)에 집중적으로 투자되었으며, K-12(12학년제로 편성되어 있는 초·중·고교 교육과

에듀테크 벤처캐피털 시장의 성장

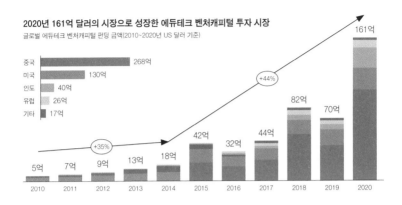

2020년 161억 달러의 시장으로 성장한 에듀테크 벤처캐피털 투자 시장
글로벌 에듀테크 벤처캐피털 펀딩 금액(2010~2020년 US 달러 기준)

중국 268억
미국 130억
인도 40억
유럽 26억
기타 17억

5억 7억 9억 13억 18억 42억 32억 44억 82억 70억 161억
2010 2011 2012 2013 2014 2015 2016 2017 2018 2019 2020

+35% +44%

출처 : https://www.holoniq.com/notes/16.1b-of-global-edtech-venture-capital-in-2020

정, 33%), 대학(고등) 교육(16%)이 그 뒤를 이었다. 학령 인구의 감소
와 평생 교육이 필수화되는 시대를 반영한 결과로 볼 수 있다.

꾸준히 증가세를 보이던 에듀테크에 대한 투자는 2020년 급격
하게 증가하는데, 이는 코로나19로 인한 디지털 교육에 대한 기
대감 때문이다.

글로벌 교육 기술 조사 기관인 메타리(Metaari)는 에듀테크 기술
에 대해 2020~2025년까지의 연평균 성장률을 예측했다. 로봇 교
사(44.6%), 인공지능 기반 교육(41.9%), 위치 기반 교육(33.2%), 게임
기반 교육(25.8%), 인지 교육(24.4%), 혼합 현실 교육(22.5%) 순으로
높은 연평균 성장률을 예측했으며, 그동안 많이 사용되었던 이러

닝의 성장률은 -13.3%로 앞으로 역성장할 것이라고 내다보았다. 이는 디지털 교육이 앞으로는 기존의 이러닝을 넘어 혁신적으로 변화할 것이라는 기대감이 담긴 것으로 볼 수 있다.

에듀테크 시장에 대한 전망은 밝다. 아무리 그렇다고 해도 세계 1위 인터넷 기업이 에듀테크 회사가 될 것인가? 우리는 경계가 무너지고 있는 최근의 현상에 주목해야 한다. 지금과 같은 교육 중심의 에듀테크 회사가 1위의 인터넷 기업이 되지는 않을 것이다. 학습을 넘어서 교육과 결합된 새로운 영역을 개척하는 기업들이 많이 나타날 것이다. 예를 들어 일과 학습의 결합이라는 트렌드 속에서 학습과 일을 결합시키고 생산성을 극대화하는 서비스를 선보일 수 있을 것이다. 또한 학습을 넘어 학습 경험으로의 확장을 통해 학습, 도서, 영상, 오디오 등 통합적 내용을 원스톱으로 서비스하는 기업들이 등장할 것이다. 즉 에듀테크 기업들은 '학습을 넘어'란 의미인 비욘드 러닝(Beyond Leanring)에 집중하게 될 것이다. 그리고 비욘드 러닝 영역에 있던 빅테크 기업들은 교육을 그들의 서비스와 결합시키려 할 것이다.

그렇다면 에듀테크 기업이 성장하기 위해서는 어디에 집중해야 할 것인가?

우선, 인공지능을 통한 확장에 집중해야 할 것이다. 2021 ATD TK 컨퍼러스 세션에서 제이디 딜런(JD. Dillon)은 "디지털 기술은 더 많은 학습자들이 지속적으로 학습할 수 있도록 하며, 소셜 기술은 사람들이 연결되어 지식을 공유하도록 한다. 그리고 모바일 기술은 언제 어디서든 필요할 때 도움이 되도록 지원하고 마이크로 러닝 기술은 꼭 필요한 주제를 적합한 방식으로 지원한다"고 말한다. 그렇다면 인공지능 기술은 어떤 측면에서 교육적으로 도움을 줄 것인가?

그는 확장과 증강으로 인공지능을 강조한다. 인공지능은 혼자서 모든 것을 해결해줄 수 없으며, 다른 기술과 결합되었을 때 그 힘을 발휘한다. 즉 디지털 기술, 소셜 기술, 모바일 기술, 마이크로 러닝 기술을 더욱더 증강시키고 역할을 확장해 나가는 데 강력한 무기가 된다는 것이다.

인공지능은 모든 산업을 바꿔 놓고 있다. 교육에서도 마찬가지로 인공지능은 가장 핵심적인 기술임에 분명하다. 다만 인공지능 기술만 있으면 모든 것을 해결한다는 식의 접근은 올바르지 않다. 인공지능과 디지털 러닝 플랫폼을 결합하고 소셜 러닝 플랫폼을 결합해 나가야 한다. 인공지능은 디지털 러닝을 보다 맞춤형으로 진화하게 만들 것이며, 소셜 러닝에서 사람들과의 연결을 고도화시켜 줄 것이다. 인공지능을 반드시 고려하되 타 플랫폼을 증강하고 확장시키는 역할로 자리 잡아 나가야 한다.

그 다음으로 일과 학습의 결합이다. 우리는 그동안 교육과 일을 분리해 왔다. 기업은 연수원이나 교육장에서 2~3일을 할애해 교육했고, 돌아가서는 각자가 배운 내용을 바탕으로 현장에 적용시키도록 했다. 이러한 방식은 산업화 시대에 적합했던 방식이다.

하지만 지금과 같은 4차 산업혁명 시대의 비즈니스하에서는 이런 방식이 더 이상 통용되지 않는 경우가 많아졌다. 또한 모바일 시대로 접어든 시점에 학습자들은 연수원, 교육장에 있던 콘텐츠를 각자의 손안에 있는 스마트폰에서 얼마든지 접근할 수 있게 되었다.

교육 부서는 구성원들을 교육장으로 불러오는 일을 자제해야 한다. 이제 모바일 기술과 디지털 기술로 무장해 그들이 있는 현장으로 다가가야 한다. 즉 일터 밖에서의 학습(Learning out of Workflow) 방식을 일터 내에서의 학습(Learning in the Workflow) 방식으로 전환해야 함을 의미한다.

일과 학습이 결합되는 시대에 에듀테크는 그 영역을 확장할 수 있다. 학습한 것을 실무에 적용하고 이에 대한 피드백을 받는 범위까지 확장할 수 있는 것이다. 또한 학습-평가-취업으로 연계되는 새로운 영역을 개척할 수도 있다.

최근 교육비 납부 방식에 새로운 방법이 도입되고 있는데, '소득공유 후불제'라는 방식이다. 예를 들면 교육을 신청한 후 취업 시까지는 무료로 수업을 받는다. 취업에 성공하면 1년 차에는 월

급의 10~15%를 교육비로 매달 납부하고, 2년 차까지는 5% 정도를 납부하는 형식이다.

마지막으로, 교육 철학에 집중해야 한다. 구글 수석 엔지니어 출신의 맥스 벤틸라(Max Ventilla)가 설립한 알트스쿨(AltSchool)은 4~14세 학생을 대상으로 한 데이터 기반의 학교였다. IT 기반 개인 맞춤형 학습에 집중하였고 데이터를 기반으로 학생들이 무엇을, 어떻게 공부해야 하는지 결정하는 방식으로 수업을 진행했다. 2013년 설립 당시 미국에서 가장 촉망받는 미래 학교로 주목받았으나 2018년까지 미국 전역의 9개교 중 5개교가 폐교했다. 학부모로부터 아이들을 실험 대상자로 이용하려 한다는 비판을 받았고, 비즈니스에만 관심이 있고 학생들에게는 관심이 없는 학교로 공격받아 왔다. 끝내 학교 운영은 중단되었으며, 현재는 맞춤형 교육 솔루션 보급에 주력하고 있다.

비슷한 학교로 앞서 설명한 칸랩스쿨이 있다. 칸랩스쿨과 알트스쿨은 데이터 기반의 맞춤형 수업이라는 추구하는 가치는 동일하다. 하지만 칸랩스쿨은 미래형 학교로 추앙받고 있으며, 알트스쿨은 그렇지 못했다. 왜 이런 일이 발생한 것일까?

결론적으로 말하자면, 교육 철학의 차이라고 할 수 있겠다. 칸랩스쿨은 그들만의 교육 철학이 있었다. 4차 산업혁명 시대를 선도하는 인재 양성이라는 교육 목표와 교사를 도와주는 역할로의

IT 기술을 포지셔닝했다. 하지만 알트스쿨은 교육 철학이 다소 부족했다.

에듀테크 영역 또한 하나의 산업이지만 타 산업과는 엄연히 다른 점이 있다. 사람을 키우고 육성하는 것이 그 중심에 있다는 사실이다. 따라서 철학이 제대로 정립되지 않은 에듀테크 기업은 처음에는 각광받을지 몰라도 빠르게 시장에서 사라지는 것을 확인할 수 있다. 교육 철학이 바로 서야 성장하고 사랑받는 교육 기업으로 발전한다. 따라서 아무리 빠르게 급변하는 디지털 시대라 하더라도 교육 철학을 제대로 정립하는 것이 무엇보다 중요하다.

지금까지 교육 기업이 성장하기 위해 집중해야 하는 부분에 대해 살펴보았다면, 지금부터는 사업을 운영하면서 염두에 두어야 할 부분에 대해 살펴보기로 하자.

우선적으로 염두에 두어야 할 부분은 콘텐츠-플랫폼-운영의 종합적인 서비스라는 것이다. 교육 기업을 창업하면 한 분야에 집중하는 경우가 많다. 콘텐츠 또는 플랫폼이 대표적이다. 콘텐츠에 많은 투자를 하거나, 플랫폼에 집중해서 투자를 한다. 사업을 영위함에 있어 콘텐츠와 플랫폼은 매우 중요하다. 하지만 한쪽에 치우친 나머지 다른 한쪽을 놓치는 경우를 많이 본다. 우리가 놓치지 말아야 할 것은 고객은 교육 서비스를 평가함에 있어 콘텐츠–플랫폼–운영을 종합적으로 평가한다는 점이다. 어느 하나가 특출나면 고객이 찾아오지만, 세 가지 중 하나라도 불만이 생기면 고객은 떠나기 마련이다. 따라서 이 세 가지를 모두 챙겨야 한다.

둘째, 교육 사업은 기간을 길게 보고 가야 한다. 교육의 경우 고객에게 알려지는 데 많은 시간이 소요된다. 광고나 마케팅으로 성공한 기업도 있지만 서비스의 질이 낮을 경우 시장에서 사라지는 경우를 많이 보게 된다. 교육 사업은 꾸준함과 장기적인 투자가 필요하다. 다른 산업과는 달리 그 기간이 상대적으로 오래 걸리는 것이 사실이다. 사업의 철학을 공고히 하고 장기적인 안목으로 투자하는 기업이 어느 순간 분야의 1위로 올라서는 경우가 많다.

마지막으로, 고객 만족도 중요하지만 고객의 성장 또한 중요하다는 점이다. 고객 만족을 넘어서 고객의 성장에도 신경 써야 한다. 학습자들은 만족이 아닌 성장을 위해 교육 기관을 선택한다. 따라서 매출이나 만족도 외에 고객의 성장 지표나 고객의 성장 경로에 민감해야 한다. 고객의 성장은 다른 이들의 롤모델이 되어 더 많은 사람을 유입시키는 원동력이 되기 때문이다.

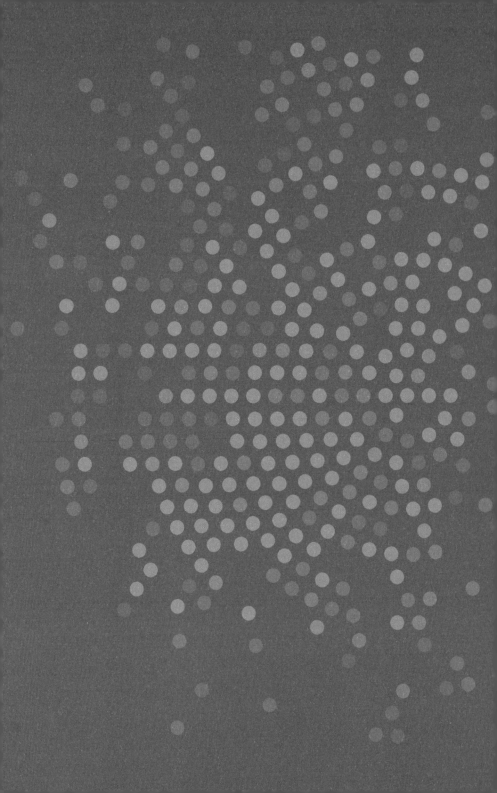

교육 내용의 미래:
디지털 시대에 필요한 인재

"

우리의 일자리는 앞으로 인공지능
로봇과 경쟁해야 한다. 따라서 인공
지능이 할 수 없는 역량을 키워나가
야 한다.

"

지금의 국어, 영어, 수학 및 암기과목 중심의 학교 커리큘럼은 산업화 시대와 함께 생겨났다. 하지만 읽고, 쓰고, 계산하는 능력 중심의 기존의 커리큘럼은 새로운 변화를 요구받고 있다. 무엇을 가르쳐야 빠르게 변하는 미래 시대에 사회 구성원으로서 필요한 역량을 강화할 수 있을 것인가에 대한 논의가 진행 중이며, 이런 논의를 바탕으로 한 커리큘럼이 실제 교육 현장에 반영되고 있다.

현대 커리큘럼의 변화를 크게 세 가지 방향으로 살펴볼 수 있는데, 우선 인간과의 대화뿐만 아니라 인공지능 로봇과도 소통할 수 있는 코딩이 강조되고 있다. 두 번째는 수학 중심에 수학, 과학을 바탕으로 실생활에 활용할 수 있는 기술, 공학까지 배우게 하는 STEM 교육으로의 확장이다. 과학(Science), 기술(Technology), 공학(Engineering), 수학(Mathmatics)의 앞글자를 따 STEM이라 부르는데, 여기에 예술, 인문학(Art)을 더해 STEAM 교육으로 확장된다. 세 번째는 암기과목 중심에서 사고·응용력 중심의 4C[창의력(Creativity), 협업(Collaboration) 역량, 커뮤니케이션(Communication) 역량, 종합적 사고력(Critical Thinking)] 또한 매우 강조되고 있는 상황이다. 여기에 더해 디지털과 데이터를 이해하고 활용하는 디지털 리터러시, 데이터 리터러시도 미래 커리큘럼으로 중요한 부분을 차지한다. 미래형 커리큘럼을 종합해 스스로 만들고 실천할 수 있도록 하는 교육이 메이커(Maker) 교육이다. 이번 장에서는 메이커 교육의 각 부분에 대해서도 함께 살펴보고자 한다.

사람만이 할 수 있는
역량에 집중하기:
4C, 감성 역량

세계적인 인공지능 학자이자 《인간은 필요없다》의 저자인 제리 카플란(Jerry Kaplan)은 "인공지능의 발전으로 현재 인류 직업의 90%는 로봇이 대체할 것이다"라고 내다보았다. 그는 노동자들이 이러한 변화에 슬기롭게 대처하지 못할 것이고, 일자리를 빼앗기는 이들이 늘어나면서 노동시장의 불안정과 소득양극화를 초래할 것이라고 강조했다.

글로벌 컨설팅업체 매킨지 앤 컴퍼니(McKinsey & Company) 역시 2017년에 발간한 보고서에서 2030년까지 자동화로 인해 8억 명에 달하는 노동자들이 실직할 것이라고 전망했다. 이는 전 세계 노동력의 5분의 1에 해당한다. 매킨지는 46개국, 800개의 직업, 2,000개의 업무를 분석하여 이러한 결론을 도출했다.

많은 일자리들이 인공지능 로봇으로 대체되고 있으며, 현재를 살아가는 우리들은 미래의 일자리에 대해 고민하기 시작했다.

산업혁명 이후 인류의 일자리는 기계로 대체되는 과정의 연속이었다. 1차 산업의 대표격이라 할 수 있는 농업의 경우 사람의 인력이 트랙터와 같은 기계로 대체되었다. 우리나라의 경우에도 1960년 농업에 종사하는 생산 인구가 전체의 70%에 달했으나, 2017년 농가 인구는 전체 인구의 4.7%에 불과하다.

2차 산업인 제조업의 경우에도 사람의 일이 산업 로봇으로 대체되고 있다. 베스트셀러 《노동의 종말》의 저자인 미래학자 제러미 리프킨(Jeremy Rifkin)은 2025년에는 2000년대 초반 제조업 노동력의 10%만 있어도 제조업 상품들을 생산하는 데 문제가 없을 것이라 내다보고 있다. 실제로 스포츠용품 제조업체인 아디다스는 동남아시아, 중국 등에 있던 생산라인을 독일로 다시 가져와 산업용 로봇으로 생산하고 있다. 600명 이상이 필요한 공장을 산업용 로봇을 활용해 단 10명으로 운영하고 있는 것이다.

3차 산업인 서비스업도 서비스 로봇으로 빠르게 대체되고 있다. 기업의 콜센터는 인공지능 챗봇과 음성봇으로 대체되고 있으며, 편의점도 무인 편의점으로 변화하고 있는 것을 보면 서비스 산업 역시 인간의 일을 기계가 급속도로 대체하고 있음을 알 수 있다.

최근 가장 각광 받았던 산업인 지식산업 또한 이런 인류와 기계와의 일자리 경쟁에서 예외가 될 수 없다. 법률, 의료, 금융 등 지식인들의 영역이라 불리는 업무 또한 인공지능 로봇으로 대체되고 있다. 인공지능 엔진인 IBM 왓슨은 은행, 병원, 법무법인에 도입되어 그 효과를 입증하고 있으며, 사람들의 일을 지워나가고 있다.

산업혁명 이후 산업 구조와 고용 구조는 끊임없이 변화하고 있다. 이런 구조의 변화 속에 인류는 끊임없이 새로운 일을 창출해 나갔으며, 새로운 역량을 키워 나갔다. 그렇다면 우리는 앞으로 어떤 역량을 키워 나가야 할까?

우리의 일자리는 앞으로 인공지능 로봇과 경쟁해야 한다. 따라서 인공지능이 할 수 없는 역량을 키워야 한다. 인공지능이 잘하거나 앞으로 더 잘할 역량의 일은 인공지능으로 대체될 가능성이 크기 때문이다.

컴퓨터는 복잡한 문제를 풀거나 체스와 바둑 같은 논리적인 측면은 상대적으로 쉬워하지만, 개와 고양이를 구분하는 단순한 지각이나 좁은 곳 통과하기 등 간단한 이동 능력에서는 3세 아이 수준으로 만드는 것을 매우 어려워 한다. 인공지능과 로봇공학 연구자들은 기존에 가설을 세운 것과는 반대로 난이도 높은 추론에는 컴퓨터의 연산 능력이 거의 필요 없는 반면, 낮은 수준의 지각과 운동 기능은 컴퓨터의 연산 자원을 필요로 한다.

인지과학자 스티븐 핑커(Steven Pinker)는 35년 동안의 인공지능 연구가 주는 교훈은 어려운 문제는 쉽고 쉬운 문제는 어렵다는 것이다. 이는 사람과 인공지능 로봇이 잘할 수 있는 분야가 분명히 다름을 보여주고 있다.

이런 의미에서 인공지능 로봇과 함께 살아가야 하는 우리에게는 인공지능 로봇이 더 잘하는 분야에서 배우고 성장하기보다는 사람이 잘할 수 있는 것에 배움을 집중하는 것이 필요하다. 인공지능이 더 잘하는 분야의 직업이나 지식은 자동화될 가능성이 높아서 배움의 유용성이 길지 않기 때문이다.

그렇다면 사람이 인공지능 로봇보다 잘할 수 있는 분야에는 어떤 것이 있을까?

창의력(Creativity)

미국의 경제학자이자 사회학자인 리처드 플로리다(Richard Florida) 교수는 21세기에 일어날 사회 변화를 예측하면서 21세기에는 빈곤층, 중산층, 상류층 그리고 그 위에 창조층이라는 새로운 계층이 떠오를 것이라 주장했다. 4차 산업혁명이라는 새로운 시대를 이끌어가는 계층은 창의력을 바탕으로 한 창조층이라 말하고 있는 것이다.

미래학자 다니엘 핑크(Daniel H. Pink)는 자신의 책《새로운 미래가 온다》에서 다음과 같이 설명했다. "지난 몇십 년은 특정한 생각을 가진 특정 부류 사람들의 것이었다. 코드를 짜는 프로그래머, 계약서를 만들어낼 수 있는 변호사, 숫자를 다룰 줄 아는 MBA 졸업생처럼 말이다. 하지만 왕좌의 열쇠는 이제 교체되고 있다. 미래는 아주 다른 생각들을 가진 다른 종류의 사람들이 주인공이 될 것이다. 창조하고 공감할 수 있는 사람, 패턴을 인식하고 의미를 만들어내는 사람들, 예술가, 발명가, 디자이너, 스토리텔러와 같은 사람들, 남을 돌보는 사람, 통합하는 사람, 큰 그림을 생각하는 사람들이 사회에서 최고의 부를 보상받을 것이고 기쁨을 누릴 것이다." 그의 말처럼 창의력이 더욱더 중요한 시대가 다가오고 있다.

창의력을 발휘하기 위해서는 우선 호기심과 호기심을 바탕으로 한 문제 설정 능력이 매우 중요하다. 교육 컨설턴트가 쓴《내 아이의 미래력》이라는 책에 나온 사례를 소개하자면, 별자리와 구글 지도로만 고대 마야 도시를 찾아낸 소년의 이야기가 있다. 캐나다 퀘백에 사는 15세 소년 윌리엄 가두리는 2012년 우연히 마야 문명에 빠져들어 꾸준히 마야 문명을 공부했다. 윌리엄은 '왜 마야 도시는 강이 아닌 산속 깊은 곳에 건설되었을까' 하는 호기심을 갖게 되었다. 이에 나름의 연구를 하던 윌리엄은 지금까지 발견된 117개의 마야 도시와 별자리가 밀접한 상관관계가 있음을 알게 되었고, 캐나다 우주국 소속의 과학자들을 만나 자신의 이론을 설명했다. 윌리엄의 이론을 검증하고자 미국 항공우주국 나사의 도움을 받아 소년이 지목한 지역의 상세 위성 사진과 관련 자료를 제공받았다. 분석 결과는 충격적이었다. 윌리엄이 지목한 정글 숲에서 86미터 높이의 피라미드를 비롯 30개의 건축물 흔적이 발견되었던 것이다. 역대 발견된 마야 도시 중 다섯 번째로 큰 건축물이었다. 마야 문명에 대한 호기심과 찾고자 하는 문제 설정 능력이 새로운 발견을 만들어준 것이다.

인공지능 로봇이 하지 못하는 이런 창의력이 요구되는 역량은 앞으로 더욱더 중요해질 것이다. 최근에는 창의력이 필요한 새로운 직업 또한 점차 늘어나고 있다. 웹툰 작가, 유튜버는 이미 미래의 직업으로 떠오른 지 오래고, 새로운 영역의 새로운 시도를 추구하는 직업들이 꾸준히 생겨나고 있다.

협업(Collaboration) 역량

체스 게임에서 가리 카스파로프(Garry Kasparov)가 인공지능 엔진인 딥블루에 패한 뒤 10년 가까운 세월이 흘러 새로운 형태의 체스 대회가 열렸다. 인간이든 컴퓨터든 누구나 참여할 수 있는 프리스타일 대회였다. 그런데 이 대회의 우승자는 더 발전된 슈퍼컴퓨터도 프로 체스 선수도 아니었다. 가장 뛰어난 성적을 거둔 챔피언은 평범한 노트북 3대를 활용한 2명의 아마추어 체스 선수였다. 아무리 뛰어난 인공지능 엔진이라도 인간과 인간, 인간과 컴퓨터와의 협업으로 이길 수 있다는 것을 잘 보여주는 사례다.

SARS 프로젝트는 2003년 6명의 고등학생(말레이시아, 싱가포르, 네덜란드 2명, 이집트, 미국)이 인터넷상에서 소통하며 만들어낸 사례다. 당시 이슈였던 중증 급성 호흡기 증후군(SARS)이라는 전염병에 대한 웹사이트를 만든 일이었다.

이 팀은 온라인상의 소통으로만 디자인, 사이트 구성, 내용 구성 등 모든 일을 협력하며 만들어냈다. 시차가 다르고, 지리적 여건도 달랐지만 인터넷만으로도 충분히 협업 프로젝트를 만들어낼 수 있었다.

협업은 인간만이 할 수 있는 역량이다. 기계는 1+1=2가 되지만 인간의 협업은 1+1=10 이상으로도 만들어낼 수 있는 역량을 가지고 있다.

종합적 / 비판적 사고력(Critical Thinking)

4차 산업혁명 시대에는 지식을 두루 아우르는 통합적 인재를 필요로 한다. 과거에는 지식과 기술로 능력을 평가했다면 지금은 창조적 사고력을 중시하며, 창조적 사고는 어느 한쪽만의 시각으로 보는 것이 아니라 다방면의 시각에서 출발한다. 여기서 종합적 사고력을 갖춘 인재는 이것저것 조금씩 잘하는 제너럴리스트가 아니라, 자기가 잘하는 한 가지 전문 분야에 충분한 소양을 갖추면서 다양한 지식을 두루 겸비한 사람을 의미한다.

전문 분야를 다양화하고 종합적으로 사고하는 것은 다른 시각에서 사물을 바라보면서 융합적이고 창조적으로 이루고자 하는 바를 얻기 위함이다. 엄지손가락을 제외한 네 손가락으로 물건을 잡으려고 하면 잘 잡히지 않는다. 엄지와 나머지 네 손가락이 결합했을 때 우리는 물건을 잘 집을 수 있다. 우리가 물건을 쉽게 집을 수 있는 것은 반대쪽에서 엄지손가락이 받쳐주기 때문이다. 즉 다른 시각 또는 다른 방면에서 전문 분야를 키워나갈 때 이들이 결합해 우리가 이루고자 하는 것을 성취할 수 있을 것이다.

전문 분야를 다양화하는 또 한 가지 이유는 세상이 빠르게 변화하고 있다는 것이다. 과거 우리가 공부한 전공 분야는 어느 날부터 더 이상 필요 없어질 가능성이 높다. 그 전공 분야가 존재한다 하더라도 새로운 지식의 전혀 다른 새로운 학문으로 발전하고 있을 가능성 또한 가지고 있다. 이런 이유로 전문 분야를 다양화해 배움을 게을리하지 않고 지속적으로 자신만의 무기를 연마할 필요가 있다.

종합적 사고력을 갖춘 인재를 육성하기 위해서는 구성원들이 다양한 학문을 접할 수 있도록 하는 것이 필요하다. 인문학이나 예술, 과학 등 경제·경영과 관련 없는 분야에서도 구성원들이 쉽게 콘텐츠에 접근할 수 있는 환경을 제공해야 한다.

스티브 잡스의 말처럼 창의성이란 새로운 것을 만들어내는 것이 아니라, 기존에 있는 것을 연결하는 것이다. 다양한 연결을 통해 새로운 창조를 이루려면 기업 구성원들이 다양한 지식에 노출될 수 있도록 해주는 것이 필요하다. 이와 더불어 업무 성격이 다른 그룹을 서로 묶어주는 활동 또한 종합적 사고력의 인재를 구축하는 데 좋은 방법이다.

커뮤니케이션(Communication) 역량

마타라조라는 학자는 맞장구와 관련된 실험을 하면서, 면접 시험이라는 설정 아래 면접관과 수험자가 45분간 서로 마주하여 대화를 나누게 했다. 여기서 면접관은 ① 처음 15분 동안에는 평범한 면접을 보고, ② 다음 15분 동안은 수험자 앞에서 면접관이 자주 수긍해주고, ③ 마지막 15분 동안은 수험자와 대화를 하되 전혀 수긍하는 자세를 보이지 않는 방법을 통해 수험자의 변화를 지켜보았다. 이 실험 결과 ②의 경우가 ①과 ③에 비해 48~67% 정도 수험자가 많은 말을 하는 것으로 나타났다.

대화 도중에 적절한 맞장구나 수긍의 표현은 그 사람이 더 잘 표현할 수 있도록 해준다. 이러한 맞장구의 방법은, 고개를 끄덕인다든지, 다시 한 번 단어를 반복한다든지, 모르는 부분에 대해 질문을 섞어준다든지의 방법으로 매우 훌륭한 격려가 될 수 있다.

공감하며 대화하는 부분, 그리고 커뮤니케이션 중에 숨겨진 의미를 파악하는 부분은 인간만이 할 수 있는 부분이다. 커뮤니케이션 역량은 디지털 정보의 홍수 시대에 더욱 중요한 역량으로 강조되고 있다. 너무 많은 정보 속에서 꼭 필요한 정보를 공유하고 나누는 것이 바로 커뮤니케이션이기 때문이다.

감성(Empathy) 역량

컴퓨터가 가지지 못한 것의 대표적인 것이 바로 감성이다. 슬픔, 기쁨, 사랑 등은 인간에게는 자연스럽지만 인공지능 로봇은 할 수 없는 분야다.

사회가 테크놀로지 기반으로 이동하면 할수록 인간으로서의 감성은 더욱 중요해질 것이다. 애견관리사, 푸드 스타일리스트 등 사람의 감성을 충족시키기 위한 직업이 각광 받고 있는 것은 이러한 연유다. 포옹만 해주는 직업도 생겨나고 있다. 최근 호주 퀸즐랜드 골드코스트에 거주하는 제시카 오닐은 일정한 금액을 받고 포옹을 해주는 일을 시작해, 지금은 이 일을 직업으로 삼고 있다. 매주 그녀가 벌어들이는 수입은 우리나라 돈으로 120만 원 정도다.

타인과 공감하고 이해하며 함께 살아가는 능력은 지금도 중요하지만, 앞으로는 더욱더 중요해질 것이다. 감성 역량이 미래의 중요한 능력으로 각광 받을 것이기 때문에 우리는 이런 역량 개발에 노력을 기울여야 한다.

인공지능 로봇이 할 수 없는 사람만의 역량을 앞에서 4C와 감성 역량으로 소개했다. 풀어 말하면 창의력(Creativity), 협업(Collaboration), 종합적/비판적 사고력(Critical Thinking), 커뮤니케이션(Communication)의 앞글자를 딴 4C 역량과 감성(Empathy) 역량이 그것이다.

이러한 역량은 인공지능 로봇이 발전하면 할수록 더욱더 중요해질 것이다. 앞으로 우리는 이런 역량의 개발에 더욱 집중해야한다. 이 부분은 인공지능과 로봇으로 대체되기 어려운 부분이기 때문이다.

인공지능 로봇과 함께 살아가는
미래의 역량: STEM, 코딩

2018년 9월 18일자 〈조선일보〉 기사에는 다음과 같은 내용이 실렸다.

서울 이마트 성수점 1층 수입 식품 코너. 기자가 서성거리자 120㎝ 높이의 휴머노이드 로봇 페퍼가 바퀴 3개를 굴리며 다가왔다. 페퍼는 동그란 두 눈을 마주치며 팔을 벌리고 "무엇을 도와드릴까요?"라고 물었다. 지난달 29일부터 시범 운영에 들어선 페퍼는 일본 소프트뱅크 로보틱스가 개발한 휴머노이드 로봇을 한 단계 업그레이드한 한국 버전이다. 자율 주행과 한국어 대화 기능을 추가했다. 기자가 "어떤 카레가 맛있니?"라고 말을 걸자, 페퍼는 "인기 상품을 추천해드릴게요"라며 두 손으로 가슴에 있는 태블릿 액정을 가리켰다. 한 제품을 고르자 페퍼는 제품이 놓여 있는 선반까지 안내했다.

위 기사는 우리나라에서 시범적으로 운영을 시작한 로봇 페퍼에 대한 이야기다. 로봇 페퍼는 2016년 5월 동남아 피자헛 매장에 취업해 주문을 받고 결제를 하는 등 서비스 전 과정에 투입되고 있다. 이들 서비스에 대한 만족도는 인간에 비해 절대 밀리지 않는다고 한다. 로봇 페퍼는 180만 원 정도에 구매할 수 있다. 사람과 달리 24시간 쉬지 않고 일하며, 최저임금을 주지 않아도 되고, 파업이라는 것은 애초에 없는 직원이다. 심지어 19개 언어를 자유자재로 사용한다.

인공지능은 어느새 우리 일상에 깊이 들어와 있다. 음악을 듣고, 쇼핑을 하고, 영상을 볼 때, 그리고 검색을 할 때도 인공지능은 나 자신에게 맞는 것들을 추천해준다.

지금도 많은 영역에서 인공지능이 우리와 함께 있다. 인공지능의 발전 속도는 인공지능의 범위를 더욱더 넓혀갈 것이다. 바야흐로 인간만의 세상이 아닌 인간이 만든 인공지능 로봇과 함께 살아가야 하는 시대가 도래했다.

영어가 필수 언어로 중요해진 것은 글로벌 시대로의 전환 때문이었다. 비즈니스의 해외 진출이나 해외에서 무언가를 배워오기 위해서는 영어가 필요했다. 인공지능 로봇과 함께 살아야 하는 새로운 시대에는 인공지능 로봇과의 커뮤니케이션이 중요해지고 있다.

인공지능 로봇 또는 컴퓨터와 대화할 수 있는 언어가 21세기 라틴어로 불리는 코딩이다. 국어, 영어 역량이 사람과의 커뮤니케이션을 위한 것이었다면, 4차 산업혁명 시대에는 인공지능 및 컴퓨터와 대화할 수 있는 언어인 코딩이 필요한 것이다.

코딩 교육은 컴퓨터 프로그래밍 방법을 배우는 것이다. 컴퓨터는 소프트웨어가 없으면 기계 덩어리에 불과하다. 코딩은 프로그래밍을 통해 컴퓨터가 움직이는 방법을 설계하는 것이다. 오바마 전 미국 대통령은 코딩 교육의 중요성을 미국의 미래라고 강조하면서 "비디오 게임을 구입하는 대신에 비디오 게임을 직접 만들어 보라"고 권유했다. 더불어 '아워 오브 코드(Hour of Code)' 캠페인을 벌여 하루 한 시간 코딩을 공부할 수 있도록 독려했다.

최근 디지털 혁명이 진행되면서 크게 성공한 사람들의 경우 프로그래밍 능력을 갖춘 경우가 많다. 마이크로소프트의 빌 게이츠, 페이스북의 마크 주커버그, 애플의 스티브 잡스 등이 좋은 예다. 빌 게이츠는 중학교 재학 시절 프로그래밍을 시작해 고교 시절에는 교통량 데이터를 분석하는 회사를 설립해 프로그래밍 업무에 종사했다. 마크 주커버그도 중학생 때부터 프로그래밍을 배웠으며, 그의 아버지는 이런 시대를 예측하고 주커버그에게 프로그래밍 개인 교사를 붙여준 것으로도 유명하다. 이들은 어린 시절부터 프로그래밍을 배웠고 컴퓨터의 작동 원리를 이해하고 컴퓨터와 친근한 환경에서 성장했다.

스티브 잡스는 코딩 교육을 강조하면서 자신의 생각 과정을 외부로 드러내는 수단으로 프로그래밍을 사용한다고 말했다. 그는 단순히 기술로 프로그래밍을 배우는 것이 아니라 프로그래밍을 배움으로써 더 많은 사실을 알게 되고 다양한 가능성이 열린다고 이야기했다.

다음의 표는 세계 각국의 코딩 교육 현황을 정리한 것이다. 영국과 인도의 경우 전 국민을 프로그래머로 기른다는 느낌을 받을 정도로 코딩 교육에 많은 시간을 할애하고 있다. 우리나라의 경우 코딩 교육에 있어서는 2018년부터 중학교에 도입되었다. 늦은 편이고 시간 또한 적게 배분되어 있어 앞으로 이 부분에 대한 적극적인 변화와 강조가 필요할 것으로 보인다.

코딩 교육의 중요성이 강조되지만 무턱대고 어려운 코딩 언어를 무작정 따라 하는 것은 추천하지 않는다. 프로그래머를 직업으로 삼으려는 사람이 아니라면 코딩 자체를 배우는 것보다 프로그램의 원리를 이해하는 것이 더욱 중요하다.

빠르게 새로운 코딩 언어가 쏟아지고 있다. 파이썬(Python)이나

세계 각국의 소프트웨어 교육 현황

	미국	영국	인도	중국	일본	한국
초등학교	주별 정책은 상이하지만 모든 사람을 위한 컴퓨터 공학 계획 하에 적극 추진	필수 180시간	필수 180시간	선택 과목	-	필수 17시간
중학교		필수 90시간	필수 100시간	선택 과목	필수 55시간	필수 34시간
고등학교		필수 90시간	필수 180시간	필수 72시간	필수 70시간	선택 과목
필수 시간	자치 주별 상이	360시간	540시간	72시간	125시간	51시간

알(R), GPT-3 등 빅데이터와 인공지능이 가능한 코딩 언어들이 새롭게 생겨나고 빠르게 업그레이드되고 있다.

코딩은 인간과 기계를 연결하는 언어를 의미하는데, 과거 코딩 언어들이 인간보다 기계에 더 가까워서 사람들에게 어렵게 느껴졌다면 최근의 코딩 언어들은 보다 인간에게 가까워지고 있다. 스크래치 등 교육용 블록형 코딩(일반적인 코딩이 텍스트 형식으로 되어 있다면, 명령 블록을 마우스로 끌어다가 붙여주기만 하면 코딩이 완성되는 방법) 언어들도 발전하고 있어 앞으로는 보다 쉽게 코딩을 공부할 수 있을 것이다.

컴퓨터 운영체제 윈도(Windos) 이전에 MS DOS라는 세계 최초로 상용화된 컴퓨터 운영체제가 있었다. 이때 컴퓨터 운영체제를 작동하기 위해서는 영어 단어로 된 명령어를 외우고 일일이 입력하는 작업을 진행해야 했다. 윈도는 MS DOS에 비해 사용자에게 혁명과도 같은 체제였다. 마우스를 이용해 아이콘을 클릭만 하면 바로 실행이 가능했기 때문이다.

앞으로의 코딩 또한 윈도처럼 쉬워질 가능성이 높다. 따라서 직업으로 프로그램을 다루지 않을 것이라면, 코딩의 원리에 대한 이해를 중심으로 학습해 나가는 것으로도 충분할 것이다.

디지털 사회에 필요한 학습으로 코딩 외에도 가장 대표적인 것이 바로 STEM 교육이다. 과학(Science), 기술(Technology), 공학(Engineering), 수학(Mathmatics)의 영문 앞글자를 딴 용어로 과학, 기술, 공학, 수학 과목이나 주제에 초점을 맞춘 정규 교육 또는 비정형 교육을 의미한다. 수학과 과학으로 이론적 토양을 쌓고, 기술과 공학을 통해 실생활에 활용하게 만드는 교육이라 할 수 있다. STEM 교육은 각 과목을 개별적으로 가르치지 않고, 통합적인 프로젝트 중심으로 가르치는 것이 일반적이다. 예를 들어 '공룡을 다시 살려낼 수 있는 방법' 프로젝트를 위해 수학, 과학, 공학, 기술을 통합적으로 공부하며 연구하는 방식이다. 한 가지 예를 더 들면 드론이라는 기술을 접한 후 이에 들어가는 컴퓨터 공학적인 요소는 무엇인지 함께 공부해본다. 그리고 드론이 날아가는 원리를 알기 위해 과학 과목인 공기역학을 탐구하는 방식이다. 보다 현실에 적용 가능하도록 학습해 나가는 융합 교육인 것이다.

STEM 교육이 각광 받는 이유는 노동시장의 수요에 있다. 미국 상무부의 자료에 의하면 2000~2010년까지 STEM과 관련된 직업은 7.9% 성장한 반면 STEM과 관련 없는 직업은 2.6% 성장에 그쳤다. 또한 2010~2018년까지 STEM 관련 직업은 17% 성장한 반면 STEM과 관련 없는 직업은 9.8%에 그칠 것이라 발표했다. 과학 기술의 발전과 과학 기술 분야의 인력 수요 측면에서 관련 전문가의 육성은 향후 경제 성장을 위한 주요한 이슈가 되고 있다.

미국은 오바마 정부 때부터 STEM 교육을 매우 강조하고 있는데 '혁신을 위한 교육(Education to Innovate)'이라는 구호 아래 적극적으로 STEM 교육 활성화를 위해 노력하고 있다. 또한 10만 명의 STEM관련 교사 육성이 시급하다고 말하고 있으며, 다양한 프로그램을 통해 STEM 교육 활성화를 지원하고 있다.

영국 또한 STEM 교육에 적극 투자하고 있는데, '과학과 혁신에 대한 프레임'을 수립하여 STEM 인력을 안정적으로 공급하기 위해 교육 관련 지원을 확대해 나가고 있다. STEM 4개 과목을 핵심 교과로 지정해 4개 분야 전문가 정책 자문 그룹을 운영하고 있으며, 기업-정부-학교망인 STEMNET을 구축하여 45개의 지역 조직을 통해 학교와 산업체를 연결하여 STEM 교육의 질과 양을 높이는 노력을 진행하고 있다.

이런 STEM 교육은 초·중·고등학교를 중심으로 발전하고 있는데, 하우스리버 고등학교의 STEM인 매그닛 고등학교를 예로 들 수 있다. STEM 매그닛 고등학교는 항공공학 실험, 우주항공 실습 과정 등 고등학생의 진로와 관계된 STEM 프로그램을 운영하고 있다. 이 수업에서 학생들은 비행기 모형을 다양하게 설계해보고 3D 프린터로 직접 제작하기도 한다.

STEM에 인문학·예술(Art)을 붙여 STEAM 교육으로 확장되기도 한다. 이는 과학, 공학, 기술, 수학에 더해 인문학 및 예술을 통합하여 융합형 인재를 양성하기 위함이다.

3M에서 매년 조사하는 SOSI(State of Science Index) 2020에 의하면 국내 응답자 중 75%가 더 강력한 STEM 교육이 실시되어야 한다고 생각하고 있으며, 79%가 많은 사람들이 STEM 관련 직업을 좇아야 한다고 응답했다.

STEM은 수학과 과학을 보다 친숙하게 현장에서 활용하게 만드는 교육을 말한다. 디지털 시대, 기술의 기하급수적 발전의 시대를 살아가는 우리에게 앞으로 그 중요성은 더해갈 것이다.

디지털과 데이터를
제대로 이해하고 활용하기:
디지털 리터러시, 데이터 리터러시

산업화 시대가 되면서 책과 신문, 잡지 등의 매체가 보편화 되고, 문서로 업무를 처리하기 시작하면서 읽고, 쓰는 문해력은 현대인들의 중요한 능력이 되었다. 즉 말하고 듣는 능력뿐만 아니라 읽고 쓰는 능력이 사회생활을 영위함에 있어서 중요한 요소로 자리매김했다. 이런 이유로 국어와 영어는 필수 과목이 되었고, 공장이나 사무실에서는 여기에 더해 계산하는 능력까지 필요하기에 국어, 영어, 수학은 필수 과목으로 자리 잡았다.

4차 산업혁명 시대에는 이런 역량에 더하여 새로운 역량을 필요로 하고 있다. 바로 디지털 리터러시(디지털 문해력)라는 역량으로, 포기를 몰라 성공한 소년 잭 안드라카의 사례는 이를 잘 보여주고 있다.

13세 때 가족처럼 지내던 아저씨가 췌장암으로 세상을 떠나게 되자 이 소년은 췌장암에 대해 관심을 갖게 된다. 인터넷으로 조사를 하던 중 췌장암은 85% 이상이 말기에 발견되고, 생존 확률은 2%밖에 되지 않음을 알게 된다. 또한 췌장암 진단 키트가 우리나라 돈 80만 원 정도로 비싸고 성공 확률도 30%이며, 진단 시간이 14시간이나 소요됨을 알게 된다.

잭 안드라카는 이런 부분을 획기적으로 개선할 진단 키트를 만들기로 결심한다. 인터넷을 통해 꾸준히 질문을 던지며 답을 구해 나갔으며, 4,000번의 실패에도 좌절하지 않았던 그는 불과 16세의 나이에 혁신적인 췌장암 진단 키트를 발명하게 된다. 그가 이룬 업적은 비용을 80만 원에서 30원으로, 진단 시간을 14시간에서 단 5분만에, 성공 확률을 30%에서 90%까지 끌어올리는 획기적인 췌장암 진단 키트를 만들어낸 것이다. 그는 다음과 같이 말했다.

"이 나이에 이걸 어떻게 했냐구요? 그동안 제가 배운 최고의 교훈은 바로 인터넷에 모든 것이 있다는 것이었죠. 개발에 필요한 논문들은 인터넷에서 쉽게 구할 수 있었어요. 또 대부분의 아이디어 역시 인터넷에서 습득했습니다. 인터넷을 심심풀이로 이용하지만 말고 세상을 바꿀 수 있는 도구라고 생각해보세요. 인터넷에 정보는 얼마든지 있어요. 뭔가를 만들어내겠다는 생각만 있으면 할 수 있는 일이 얼마든지 있다고 생각합니다."

위의 말처럼 잭 안드라카의 발명 과정은 대부분이 인터넷으로 이루어졌다. 인터넷에서 논문을 찾고, 이메일로 전문가에게 도움을 요청하고, 온라인 커뮤니티에 들어가 새로운 정보를 찾아내는 등 디지털 기술을 활용하는 역량을 바탕으로 성과를 이뤄낸다.

잭 안드라카가 췌장암 진단 키트를 발견하는데 활용한 역량을 디지털 리터러시(Digital Literacy)라 부른다. 디지털 리터러시에 대해 코넬 대학에서 정리한 정의에 따르면 다음과 같이 설명할 수 있겠다.

정보 기술과 인터넷을 활용해 콘텐츠를 찾아내고, 평가하고, 공유하고, 창조하는 능력(the ability to find, evaluate, utilize, share, and create content using information technologies and the Internet)

인터넷과 디지털 기술 기반으로 엄청난 정보를 일반인들이 접할 수 있는 시대가 되었다. 과거 고급 논문 자료를 보려면 그 대학에 입학하거나, 그 대학에 다니는 친구에게 부탁해 어렵게 얻곤

했다. 하지만 이러한 경향이 최근에는 모바일로 이동하면서도 고급 논문 자료에 접근하기가 수월해졌으며, 이를 바로 다른 친구들과 공유해 함께 토론할 수 있게 되었다. 또한 다양한 아이디어들은 공유 문서를 통해 함께 창조해 나갈 수 있다.

디지털 리터러시는 디지털 시대를 살아가는 데 필수 능력이다. 이 역량을 가진 사람은 그렇지 못한 사람보다 수백에서 수천 배의 정보력과 업무 처리 속도를 보여줄 수 있다. 그렇다면 이 능력을 키우기 위해서는 어떻게 해야 할까? 여기에서는 세 가지 정도 함께 살펴보고자 한다.

디지털 기기와 서비스에 친숙해지는 것이 중요

스마트폰, 노트북, 태블릿 등 디지털 기기와 각종 애플리케이션 서비스나 웹사이트에 익숙해지고 활용하는 것이 매우 중요하다. 이 부분은 디지털 리터러시 역량을 키우는데 너무나 당연한 부분일 것이다.

질문 능력을 키워야

디지털 콘텐츠 소비의 경우 대부분 검색을 통해 이루어지며 검색은 질문을 통해 이루어진다. 어느 분야에 호기심을 가지고 질문하는 것이 습관이 될 때 디지털 리터러시 능력은 향상된다.

잭 안드라카의 췌장암 진단 키트에 대한 질문은 더 큰 발전으로 이끄는 원동력이 되었다. 어떤 현상이나 사물을 보고 새로운 시각에서 질문하는 능력은 더욱 중요해질 것이다. 과거 정보의 접근이 쉽지 않은 사회에서는 정보를 외우는 능력이 중요했다. 하지만 지금과 같이 인터넷에 모든 정보가 있는 시대에는 질문을 잘하는 것이 외우는 것보다 중요하다. 질문 능력은 디지털 리터러시 역량뿐만 아니라 지속적인 성장에도 중요한 역할을 한다.

글로벌하게 접근하는 능력

디지털 리터러시 역량을 글로벌하게 가져가면 더 큰 결과를 가져올 수 있다. 콘텐츠를 찾아내고 공유하는 것이 국내에만 머무는 것은 일정 수준을 넘어서면 한계가 있다. 글로벌 사이트까지 함께 찾아보고, 해외에 있는 사람들과 관심 주제에 대해 연결되어 함께 이야기할 수 있다면 성과를 더욱 크게 만들어갈 수 있을 것이다.

인터넷의 발달과 SNS의 일반화는 다국적 사람들과의 협업을 수월하게 만들었다. 전염병, 기후 변화, 기아 문제 등 글로벌 사회 전반의 문제를 국적이 다른 사람들이 모여 디지털 세상에서 함께 고민하고 연구하고 해결해 나가려는 시도들이 많아지고 있다. 이를 통해 다양한 배경과 지식을 가진 사람들과 함께 집단지성을 활용해 새로운 해결책을 만들어 간다.

글로벌하게 접근하는 것은 보다 크게, 보다 다양한 사람이 참여해, 보다 많은 사람에게 영향력을 미칠 수 있도록 해준다. 디지털 리터러시 역량을 넓히기 위해서는 국내에서 출발해 글로벌하게 단계적으로 접근하는 것이 좋을 것이다.

과거 자신의 능력을 키우기 위해서는 책과 신문, 전문 잡지 등과 친숙해지는 것이 중요했다면, 이제는 이와 더불어 디지털 리터러시가 자신의 능력을 키우고 원하는 결과물을 창출하기 위한 필수 역량으로 더욱 중요해지고 있다.

최근 호주 빅토리아주 맬번시에 소재한 디킨 대학은 '디지털 리터러시 학습 설계사'라는 새로운 직업에 대한 구인공고를 냈다. 학부 교수진들과 협력하에 학생들의 디지털 리터러시 역량을 키울 수 있도록 적절한 테크놀로지를 이용해 온라인 프로그램 및 인터랙티브 프로그램을 설계하고 개발하고 관리하는 역할의 직업이다. 디지털 리터러시 전담 업무라는 새로운 직업이 생겨날 정도로 이 역량은 그 중요성이 더해지고 있다.

디지털 세상에서 콘텐츠를 찾아내고, 평가하고, 공유하고, 창조하는 부분을 스스로가 습관화하는 것이 미래 시대의 필수 역량이 되어가고 있는 것이다.

빅데이터 및 인공지능 시대에 디지털 리터러시만큼 중요하게 등장하는 것이 바로 데이터 리터러시(Data Literacy)다.

패션 산업에서 경쟁사의 신제품 시장 실패율이 17~20% 정도인데, 1% 미만의 시장 실패율을 보이는 곳이 있다. 바로 스페인의 패션 브랜드 자라(ZARA)의 이야기다. 전 세계 매장에서 취합된 일일 판매 정보를 실시간으로 취합하고 상품 수요를 예측해서 다품종 소량 생산 체제를 통해 빠르게 트렌드에 맞는 제품을 내놓고 있는 기업이다. 재고가 매우 중요한 패션 기업에서 이런 데이터의 활용은 글로벌 경쟁력의 원천이 되고 있다. 재고를 최소화하고, 트렌드에 맞게 빠르게 제품을 출시하는 역량을 자라는 데이터를 활용해 창출해내고 있는 것이다.

데이터 리터러시는 자라의 사례처럼 '데이터를 읽고 그 안에 숨겨진 의미를 파악하는 데이터 해독 능력'을 말한다. 즉 데이터 리터러시는 데이터에 가치를 부여하는 일이라 할 수 있다.

그렇다면 데이터 리터러시 역량은 어떻게 향상시킬 수 있을까? 데이터 리터러시를 세부적으로 나눠보면 데이터를 찾고, 이를 평가하고, 해석하여, 활용하는 역량이다. 각각의 역량이 다르기 때문에 개별적으로 접근하되 통합적으로 성장시키는 것이 무엇보다 중요하다.

데이터를 찾고 평가하는 역량

디지털이 없던 과거에는 데이터를 찾고 접근하기가 매우 어려웠지만, 지금은 인터넷에 널려 있는 것이 바로 데이터다. 이렇게 많은 데이터에서 제대로 된 데이터를 찾아내고 평가하는 역량은 데이터 리터러시에서 가장 선행되어야 하는 부분이다. 이를 위해 데이터에 다양하게 접근하고 이를 제대로 평가할 수 있는 역량을 기르는 것이 중요하다. 이런 역량은 단기간에 얻어지는 것이 아니기 때문에 꾸준히 현장과 교육에서 미션과 과제를 통해 제시해 주는 것이 필요하다.

데이터를 해석하는 역량

미국의 소설가 마크 트웨인(Mark Twain)은 출판사로부터 전보를 받았다. "2일 내에 2페이지짜리 단편이 필요합니다." 마크 트웨인은 다음과 같은 회신을 보냈다. "2일 내에 2페이지짜리는 불가합니다. 2일 내 30페이지짜리는 가능합니다. 2페이지짜리가 꼭 필요하시면 30일이 필요합니다." 데이터나 콘텐츠가 많은 것보다 이를 요약하고 의미 있는 가치를 도출하는 것이 더욱 어려운 법이다. 데이터 리터러시도 마찬가지로 데이터의 양을 많이 다루는 것이 아니라, 그 속에 담긴 의미를 해석하고 요약하는 일이 매우 중요하다.

데이터에 대한 해석 역량의 향상을 위해서는 데이터만 강조해서는 안 된다. 오히려 사람과의 공감 능력과 연결 능력, 그리고 협업 능력이 매우 중요하다. 데이터에 대한 정확한 해석은 그 이면에 존재하는 경우가 많으며, 이를 파악하기 위해서는 사람에 대한 이해와 타인과의 직접적인 대화 그리고 협업을 통해 나타나는 경우가 많다. 따라서 데이터 해석 능력을 향상시키고자 한다면 데이터의 객관적인 해석뿐만 아니라, 이 데이터의 진정한 의미에 대해 살펴보게 하는 다양한 방법들을 구성원들에게 학습시키는 것이 필요하다.

데이터를 활용하는 역량

데이터를 수집, 평가, 해석했다면 이를 실행하고 활용하는 역량이다. 데이터를 업무에 적용하는 부분은 지속적인 업무 경험을 통해 향상시킬 수 있다. 이 단계에서는 다양한 적용을 통한 시도와 새로운 활용 방법을 찾아내는 창의력, 종합적 사고력이 필요하다. 데이터의 의미를 제대로 파악해서 이것이 어디에 유용하게 쓰일지 찾아내고 적용해보는 것이다.

창조적 모험가로 성장하기: 기업가정신과 메이커 교육

안정의 시대에는 세상에 잘 순응하며 사는 것만으로도 충분했다. 하지만 급변하는 혁명의 시대에는 창조적 시각을 가진 모험가가 필요하다. 바야흐로 우리는 산업혁명, 기술혁명, 문화혁명의 시대를 살고 있다. 최근 20여 년 동안 우리는 IMF 구제 금융, 글로벌 금융 위기, 코로나19 등 그동안 겪어보지 못한 변화의 태풍에 세 번 이상 놓이게 되었다. 이런 혼란을 겪으면서 산업은 요동쳤고, 어제의 1위 기업이 내일의 몰락으로 가는 것을 수없이 봐왔다.

산업화 시대의 산물인 "공부 잘해서 좋은 대학에 가고, 좋은 기업에 가서 평생 직장에 다니다 연금을 받으면서 여생을 마무리하는 인생이 좋은 인생이다"라는 공식이 점차 사라지고 있다. 바로 변화의 속도 때문이다. 점점 더 빨라지는 변화의 속도는 지키는 사람이 아닌 변화의 흐름을 타고 가는 사람 또는 변화의 흐름을 만드는 사람을 요구하고 있다.

이런 시대에는 창조적 모험가로 성장해야 한다. 새로운 변화를 만들지 못한다면 그 변화에 빠르게 적응이라도 해야 한다. 변화의 물결을 타지 못한 사람들은 하루아침에 몰락을 맞이하는 세상이기 때문이다. 그렇다면 창조적 모험가로 성장하려면 어떻게 해야 할 것인가?

먼저 혁신을 일상화시켜야 한다. 솔개는 가장 장수하는 조류로 알려져 있다. 솔개의 평균 생존 연령은 70세 정도인데, 이런 장수를 누리기 위해서 40세 때 매우 중대한 결심을 해야 한다. 솔개는 약 40세가 되면 발톱이 노화하여 사냥감을 효과적으로 잡아챌 수 없게 된다. 또한 부리도 길어지고, 깃털도 노화하여 날아다니는 데 큰 어려움이 따른다. 이때 솔개에게는 두 가지 선택이 있을 뿐이다. 그대로 죽을 날을 기다리든가 아니면 약 6개월에 걸친 매우 고통스러운 갱생 과정을 수행하는 것이다.

갱생의 길을 선택한 솔개는 먼저 산 정상 부근으로 높이 날아올라 그곳에 둥지를 틀고 고통스러운 수행을 시작한다. 먼저 부리로 바위를 쪼아 부리가 빠지도록 한다. 그리고 나면 새로운 부리가 돋아난다. 새롭게 돋아난 부리로 발톱을 모두 뽑고 깃털도 뽑아낸다. 이런 과정을 거친 후에야 비로소 새로운 부리와 깃털을 얻을 수 있다. 이러한 6개월간의 과정을 통해 솔개는 완전히 새롭게 태어난다. 그리고 다시 힘차게 하늘로 날아올라 30년의 수명을 더 누리게 되는 것이다.

솔개의 예처럼 혁신은 매우 어려운 과정이다. 기존의 나를 버리고 새로운 나를 선택하는 과정이기 때문이다.

디지털로 급변하는 세상에서는 이렇게 고통스러운 혁신이 일상화되어야 한다. 매일 같이 새로운 기술과 정보가 쏟아지고 있다. 새로운 변화에 수용적이고 주도적일 필요가 있다. 또한 이러한 변화에 따라 스스로 혁신하고 변신시킬 필요도 있다. 과거에 집착하다가는 자칫 꼰대, 라떼 세대가 되어 변화하는 시대의 뒤안길로 사라지고 말 것이다.

그 다음으로 실패를 극복해야 한다. 창조적 모험가로 성장하는 데 가장 큰 장애물은 실패라는 것이다. 혁신의 실패는 더 이상 혁신으로 나아가지 못하게 만든다. 그건 바로 실패에 대한 두려움 때문이다.

고 이건희 삼성그룹 회장은 "실패는 많이 할수록 좋다. 아무 일도 하지 않아 실패하지 않는 사람보다 무언가 해보려다 실패하는 사람이 훨씬 유능하다"라고 말하며 실패를 장려했다. 아마존의 제프 베이조스 역시 편지에 '성공적인 실패를 장려하라'는 내용을 적어 실패에 대한 두려움을 극복할 것을 당부했다.

디지털 사회에서의 실패에 대한 대가는 아날로그 사회에서의 그것만큼 크지 않다. 제조 기업을 창업할 때는 공장을 지어야 하고, 사무실도 있어야 하고, 사람도 뽑아야 하고, 영업망도 구축해야 했다. 비용이 만만치 않게 들어갔던 것이 사실이다. 은행의 높은 장벽으로 인해 투자의 많은 부분 또한 창업자 혼자 감당해야 했다. 지금은 디지털 기술이 발전함에 따라 공장을 짓기 전에 시제품을 3D 프린터로 만들 수 있다. 또한 사람들을 고용하는 대신 프로젝트 단위로 계약해서 진행할 수 있다. 사무 공간은 공유 오피스를 활용해 비용을 절감하고, 투자 또한 크라우드 펀딩이라는 디지털 환경을 이용해 유치한다. 많은 시간과 노력이 들어가지만 아날로그 시대의 실패에 대한 대가에 비해 훨씬 낮아지고 있다.

성공에 대한 지속성도 짧아지고 있다. 과거에는 베스트셀러를 만들면 3~5년은 버틸 수 있었다. 하지만 지금은 하루가 다르게 소비자의 선호도가 바뀌고 있다. 성공의 지속 주기가 짧아지고 있다는 것이다.

성공의 지속 주기가 짧아지고 실패의 대가가 낮아지는 현 상황은 우리에게 지속적으로 창조적인 모험을 하는 것이 아무것도 안하는 것보다 더 좋은 선택임을 보여준다. 성공 이후 아무것도 안하는 것은 쇠락을 빠르게 할 뿐이다. 또한 시도하지 않고 두려움만 갖는 것은 남들의 성공을 바라보고 있는 것이나 마찬가지다.

KFC의 마스코트이자 창업자인 커넬 샌더스(Colonel Sanders)는 자신의 닭 요리법을 받아들인 음식점 주인이 나타나기까지 무려 1,009번이나 면전에서 거절당했다. 월트 디즈니(Walt Disney)가 지상에서 가장 행복한 곳, 디즈니랜드를 만들기 위한 첫 재정 지원 약속을 받기까지는 302번이나 거절당했다.

에디슨은 실패의 두려움 때문에 실천하지 않는 사람을 향해 다음과 같이 말하고 있다. "시도했던 모든 것이 물거품이 되었더라도 그것은 또 하나의 전진이기 때문에 나는 용기를 잃지 않는다."

마지막으로 작은 모험이라도 지속적으로 하는 것이 중요하다. 창조적 모험이라고 해서 거창한 모험을 의미하는 것은 아니다. 작은 크기의 실천과 모험이 쌓여서 큰 성과가 될 수 있다. 작은 모험이라도 지속적으로 시도하고 실천하는 것이 중요하다.

미국 캔자스주의 작은 마을에 채프먼 부부가 살고 있었다. 한번은 그의 아들 윌버가 자신에게 용돈을 준 탄넬 씨에게 다음과 같은 편지를 써 보냈다. '저희 마을에는 한센병 환자들이 많아요. 저는 아저씨가 준 3달러로 새끼돼지를 사서 키우려고 합니다. 이 돼지를 팔아 한센병 환자 가족들을 도우려고 합니다.' 소년은 열심히 돼지를 키웠다. 마을의 꼬마들도 관심을 갖고 돼지를 키웠다. 소년은 이듬해 돼지를 팔아 한센병 환자 가족을 도왔다. 그런데 이 사실이 한 신문에 소개되면서 많은 사람들이 돼지저금통을 만들어 이웃을 돕기 시작했다. 이것이 최초의 돼지저금통이다. 소년의 작은 행동 하나는 이웃을 돕는 돼지저금통의 출발점이 되었다. 우리가 보기에 매우 큰 일이라 생각했던 것도 알고 보면 처음에는 작은 실천으로 시작되었다. 남들이 시작하지 않는다고 해도, 내가 먼저 실천해 나간다면 큰 변화의 출발점이 될 수 있다.

창조적 모험가를 길러주는 기업가정신 교육

많은 산업이 인공지능으로 대체되어 일자리가 줄어들고 있다. 디지털 기술을 통한 업무 자동화는 경제를 성장시키지만 일자리를 창출하지 못하는 딜레마에 빠져 있다. '고용 없는 성장'이라는 난관을 어떻게 극복해야 하는가가 향후 전 세계 경제의 중요한 과제가 되고 있다.

고용과 성장이라는 두 마리 토끼를 잡기 위해서는 경제 주체들의 기업가정신이 매우 중요하다. 기존 기업과 산업에 취업하는 것은 기존 일자리를 차지하는 것이다. 일자리를 얻는다 하더라도 자동화는 계속 진행되어 일자리의 영속성을 보장하지 못한다. 경제 주체들이 새로운 기업과 산업을 만들어내는 것이 고용을 동반한 성장에 효과가 더 크다.

이런 관점에서 유럽과 미국을 중심으로 기업가정신 교육이 강조되고 있다. 2006년 유럽의회에서는 '진취성과 기업가정신(Initiative and Entrepreneurship)'을 핵심 역량 중 하나로 규정했다. 그리고 2015년 9월부터 모든 학년을 대상으로 국가 교육 과정에 포함하도록 하고 있다. 초등학생까지는 기업가정신 교육을 기존 교과에 포함해 학습하지만, 중·고등학교에서는 별도의 교과목으로 편성하여 비즈니스 언어, 벤처 창업, 고객 가치 창출 등의 과목을 배우고 있다.

미국의 경우 대학 중심으로 확산되고 있다. 1984년 밥슨 대학에서는 기업가정신 학부를 최초로 개설했다. 이후 MIT, 스탠퍼드 대학 등 600여 개 이상 대학에서 정규 과목으로 편성하고 있다. 2007년부터 범국가적 운동으로 '레모네이드 데이(Lemonade Day)' 행사를 통해 어린 학생들이 상품을 만들고 지역 사회와 나누며 기업가정신을 실천하게 하고 있다.

카우프만 재단(Kaufman Foundation)은 이런 흐름에서 창설된 기관이다. 미국 최대의 기업가 육성 비영리 재단으로 학년별 기업가정신 교육 프로그램을 제공하고 있다.

이 재단에서는 핫 숏 비즈니스(Hot Shot Business)라는 기업가정신 교육용 게임을 월트디즈니사와 공동으로 개발했다. 아이들에게 보다 친숙하게 다가가고자 교육을 게임으로 만든 것이다. 이

핫 숏 비즈니스

출처 : https://ideasforteachers.wordpress.com/2010/06/27/hot-shot-business-game/

게임은 가상공간에서 창업을 하고 기업을 경영하는 게임 기반 기업가정신 교육 프로그램이다. 연간 약 2천만 명의 학생들이 참여하여 가상공간에서 창업을 경험하고 있다.

실천력을 높이는 메이커 교육

최근 창조성을 직접 실천하기 위해 다양한 교육이 시도되고 있는데, 실제로 창조성을 발현하고 구체적인 성과로 연결시키기 위한 교육 방식이 바로 메이커 교육이다.

미국 메이커 교육 정책에 참여하는 비영리 기구 The Maker Ed는 메이커 교육에 대해서 "정답이 아닌 해결 가능성, 최종 결과물이 아닌 과정의 배움이 진짜다. 창의력의 가장 큰 동력은 시행착오에 있다. 다양한 도구와 재료를 이용해 여러 번 시도하고 실패를 두려워하지 않게 되는 것 자체도 큰 배움이다"라고 말한다.

메이커 교육은 일반적으로 코딩, 시제품 제작, 토론, 학습이 가능한 자유로운 공간을 제공하고, 그 속에서 프로젝트를 함께 만들어가며 배우는 것이 일반적이다. 예를 들어 자율주행 장난감 자동차를 만든다고 하자. 자율주행 자동차의 기본 개념에 대해 인터넷으로 학습하고 함께 토론한다. 또한 자율주행에 필요한 프로그래밍을 익혀 3D 프린터로 자동차 모형을 만들고 센서를 설치한다. 이러한 방식으로 융합적이고 프로젝트 중심적인 학습이 이루어지는 것이 메이커 교육이다.

메이커 교육의 본질적인 목적은 구체적인 내용을 가르치는 데 있지 않고 사고방식을 함양하는 데 있다. 이를 통해 적극적인 참여를 독려하고 다양한 경험을 누적시켜 창의적으로 생각하는 방식을 기를 수 있다.

학습과 성장 마인드로 성공 근육 키우기

95세가 된 첼리스트 파블로 카잘스(Pablo Casals)에게 한 기자가 질문을 던졌다. "카잘스 선생님, 당신은 이제 95세이고 세상에서 가장 위대한 첼리스트로 인정받고 있습니다. 그런데 아직도 하루에 6시간씩 연습하는 이유가 무엇입니까?" 카잘스가 대답했다. "왜냐하면 내 자신의 연주 실력이 아직도 조금씩 향상되고 있기 때문이오."

위대한 업적 뒤에는 평생 학습과 성장을 게을리하지 않는 노력이 있다는 것을 수없이 접해 왔다. 그들의 학습과 성장의 노력은 자신을 단련시켜 더 높은 곳으로 갈 수 있는 열쇠가 되었던 것이 사실이다.

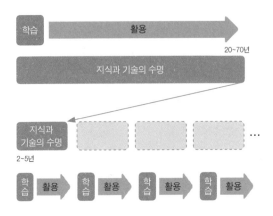

지식과 기술의 수명과 학습

이런 평생 학습은 이제 선택이 아닌 필수가 되어 가고 있다.

과거 지식과 기술의 수명이 20~70년 수준으로 길었을 때는 대학이나 직업 학교에서 전문 지식과 기술을 배워 몇십 년 또는 평생 동안 배운 것을 활용할 수 있었다. 기술의 빠른 발전과 쇠퇴는 지식과 기술의 수명을 짧게 만들고 있다. 따라서 한 번 배운 것을 몇십 년 또는 평생 활용하는 것이 불가능해지고 있다. 현대 사회를 살아가는 사람들은 지속적으로 새로운 지식과 기술을 학습하고 이를 활용하며 대응할 수밖에 없다.

평생 학습 시대가 도래하면서 자신이 가지고 있는 지식이나 기술보다는 새로운 지식과 기술을 빠르게 습득할 수 있는 학습 능력이 중요해지고 있다. 보유하고 있는 지식과 기술은 빠르게 소멸되고 있다. 따라서 계속해서 새로운 지식과 기술을 받아들이는 능력이 중요해지고 있는 것이다. 물고기를 잡아서 먹여주는 식의 교육에서 물고기 잡는 방법을 알려주는 교육으로 변화해야 하는 이유다.

성장하려는 마인드와 학습을 빠르고 효과적으로 할 수 있는 능력이 디지털 전환 시대의 중요한 요소로 꼽히고 있다. 그러면 어떻게 학습 능력을 키울 수 있을까?

우선, 성장 마인드가 매우 중요하다. 미국의 사회학자 벤저민 바버(Benjamin Barbar)는 "세상은 강자와 약자, 또는 승자와 패자로 구분되지 않는다. 다만 배우려는 자와 배우지 않으려는 자로 나뉠 뿐이다"라고 말하며, 배우는 자세의 중요성에 대해 역설했다. 성공과 실패에 도취되거나 좌절하지 않고 이 또한 배움의 과정이라 생각하는 자세가 필요하다. 또한 위아래 가릴 것 없이 누구에게서나 배울 수 있다는 태도도 중요하다.

프랑스의 젊은 엔지니어 마리 드 레셉스(Marie de Lesseps)는 1859년부터 1869년에 걸쳐 수에즈 운하를 성공적으로 건설했다. 수에즈 운하의 성공에 고무된 유럽 금융인들은 파나마 지역으로 눈을 돌렸다. 그들은 1881년 파나마운하건설회사를 조직하고, 수에즈 운하의 건설 영웅 레셉스를 책임자로 영입했다. 그런데 수에즈 지역과 파나마 지역은 지형과 기후 등 자연환경이 크게 달랐다. 수에즈 운하의 경우 굴착 지역의 평균 높이가 해발 15m 정도였지만 파나마 지역은 150m나 되었다.

하지만 레셉스는 과거 자신의 성공에 도취되어 수많은 학자들이 제시한 '파나마 기후와 지역에 맞는 갑문식 방식'을 거절하고, 과거 수에즈 운하에서 사용했던 방식을 고집하였다. 결과는 실패로 돌아갔다. 결국 파나마 운하는 학자들이 제시한 갑문식 방식을 채택해 성공적으로 공사를 마무리할 수 있었다.

과거의 성공이나 배운 것에 집착하지 않고 늘 배우려 하고 타인의 의견을 청취하는 자세가 성장의 출발점이자 성공의 밑거름인 것이다.

두 번째로는 학습 능력을 개발해야 한다. 다이어트를 할 때 전문가들은 근력 운동을 하라고 말한다. 근력 운동을 통해 근육이 생기면 신진대사량이 높아져 칼로리를 소모하는 양이 많아지기 때문이다. 우리가 일할 때도 일 근육이라는 것이 있다. 일 잘하는 사람의 경우를 보면 학습과 경험, 그리고 끈기와 열정을 통해 일을 성공적으로 마무리한다. 이를 통해 일 근육을 붙여 나가고 어려운 일도 쉽게 처리하는 것을 보게 된다.

배움에도 이런 근육이 있어야 한다. 학습이 어렵더라도 포기하지 않고 끈기 있게 하는 것이 필요하다. 또한 이런 학습을 꾸준히 실천하는 것이 중요하다. 이렇게 하면 배움의 근육이 생기고 배움의 노하우가 쌓이면서 새롭고 어려운 개념을 보다 쉽게 배울 수 있는 방법을 터득하게 된다. 근력 운동을 할 때 꾸준히 하듯 학습 또한 꾸준하게 습관화하는 것이 중요하다.

근력 운동은 이두박근, 삼두박근, 복근 등 다양한 근육을 골고루 발전시키는 것이 몸의 균형을 위해 필요하다. 배움의 근육도 마찬가지로 다양한 분야를 골고루 학습하는 것이 필요하다. 이를 통해 종합적인 사고력과 다양한 시각에서 세상을 보는 인사이트를 기를 수 있을 것이다.

세 번째로 배운 것을 실천하는 것이 중요하다. 옛날 어느 집 헛간에 쥐들이 모여 회의를 열었다. 쥐들은 고양이 때문에 당하는 피해가 너무 커서 뭔가 대책을 마련해야 했다. "이제 더 이상 안 되겠어. 고양이 때문에 마음 놓고 살 수가 있어야지." "그래, 맞아. 어제 내 친구가 뒷마당에서 놀다가 고양이한테 또 당했어. 이대로 가다간 우리 모두 고양이의 밥이 되고 말 거야. 빨리 무슨 대책을 세워야 해. 무슨 좋은 방법이 없을까?"

쥐들은 머리를 맞대고 지혜를 모았다. 쥐들은 저마다 고양이를 물리칠 방법을 말했지만 그다지 좋은 의견은 나오지 않았고, 중구난방의 토론이 계속되고 있었다. 한참 후 꾀가 제일 많은 어느 쥐가 아이디어를 냈다. "내게 좋은 생각이 있어!" "좋은 생각이 뭔데?" 쥐들은 호기심 어린 얼굴로 그의 말에 귀를 기울였다.

"고양이 목에 방울을 다는 거야. 그럼 고양이가 나타날 때마다 방울이 딸랑딸랑 울릴 거 아냐? 그 소리를 듣고 미리 도망치면 고양이한테 잡아 먹히는 일은 없지 않겠어?" "이야, 그거 정말 멋진 생각인데!" 쥐들은 모두 손뼉을 치며 좋아했다. 이제 고양이한테 당하는 괴로움도 끝이라고 생각하니 너무 기뻐 눈물이 났다.

그때 한쪽 구석에서 조용히 듣고만 있던 늙은 쥐가 천천히 입을 열었다. "정말 훌륭한 생각을 해냈군. 하지만 누가 고양이에게 다가가 방울을 달지?" 그러자 갑자기 찬물을 끼얹은 듯 사방이 조용해졌다. 환호성을 지르며 손뼉을 치던 쥐들은 입을 다문 채 서로 눈치만 살폈다. 결국 목숨을 걸고 방울을 달겠다고 나서는 쥐는 아무도 없었다.

그리고 그 적막을 깨는 이야기가 나온다. "이건 불가능하겠군, 그럼 다른 대책을 마련해보자." "그래 그러자~~~" 다시 회의는 계속된다. 그리고 아무런 진전 없는 회의가 이어진다….

쥐들은 회의실에 모여 중요한 아이디어를 짠다. 자신들을 괴롭히는 고양이를 물리칠 방법을 찾는 회의다. 이들은 회의를 거듭하다 고양이 목에 방울을 달자는 좋은 아이디어를 도출해낸다. 모두 이 의견에 동의하고 환호성까지 질렀지만, 결국 결론에 이르지는 못한다. '누가 고양이에게 방울을 달 것인가?'라는 문제에 부딪히기 때문이다.

앞의 내용은 〈고양이 목에 방울 달기〉에 대한 우화다. 쥐들은 좋은 묘안을 생각했지만 실행에 옮기지 못했다. 배운 것을 실천하지 못한다면 무용지물에 불과하다. 배운 것을 현실에 활용할 때 학습의 의미가 있는 것이다.

또한 배운 것을 실행하는 것은 배움을 더 크게 만들기도 한다. 배운 것을 현실에 활용하고, 이를 통해 다시 느끼고 배운다. 느끼고 배운 것을 통해 다시 한 번 현실에 적용하고 또 이를 통해 느끼고 배운다. 이런 선순환 구조는 개인의 성장을 빠르게 해준다. 학습의 의미를 찾는 배움을 더 크게 만들기 위해서는 배운 것을 실천에 옮기는 것이 필요하다.

마지막으로, 좋아하는 것을 배우고, 배우는 것을 즐겨야 한다. 교육 컨설턴트 정형권의 책 《내 아이의 미래력》에는 이런 이야기가 나온다.

"액션 카메라로 유명한 고프로의 창업자이자 최고 경영자인 닉 우드먼은 어릴 때부터 서핑과 무선 조정 비행기에 푹 빠졌습니다. 특히 서핑은 자신의 열정의 전부라고 말할 정도로 즐겨 하고 사랑했습니다. 알파고를 개발한 데미스 하사비스는 게임에 몰두하다가 개발자의 길을 가게 됩니다. 인스타그램 창업자인 캐빈 시스트롬은 어떨까요? 그는 어릴 때부터 장난감보다 카메라를 가지고 놀기를 좋아하는 사진광이었습니다. 항공기 드론계의 스티브 잡스라 불리는 왕타오는 초등학생 시절부터 공부보다는 비행기에 관한 글을 읽거나 대부분의 시간을 모형 비행기를 조립하며 지냈습니다."

좋아하는 일에 있어서의 학습 몰입은 자연스럽게 이루어진다. 학습을 하기 전에 자신이 좋아하는 것을 찾는 것이 중요하다. 그러면 자연스럽게 배움이 생기고, 그 배움이 즐거워진다.

리더십 전문가 워런 베니스(Warren Bennis)는 리더십 연구를 위해 미국에서 성공한 최고경영자와 기업의 대표이사, 이사회 의장 60명, 공공 부문의 걸출한 지도자 30명 등 총 90여 명을 개별적으로 인터뷰했다. 그 결과 성공한 리더들의 개인적인 품성 중 두드러진 특성은 '인내와 자기 인식, 위험과 손해를 기꺼이 감수하려는 의지, 참여, 일관성과 도전' 등으로 압축되었으며, 그중 학습과 훈련을 가장 으뜸으로 꼽았다.

배우고 연습하는 것은 타고 나는 것이 아니다. 우리가 선택하는 것이다. 그리고 그것은 한 번의 선택이 아니라 매일 매일 선택하고 실행해야 한다. 학습과 성장이라는 매일의 선택이 지속될 때 디지털 시대에 필요한 사람으로 나아갈 수 있을 것이다.

속도의 시대에서 살아남는
애자일 역량

넷스케이프는 인터넷 브라우저 시장의 80%를 장악하고 있었다. 이를 몰아내고 새로운 웹브라우저 강자로 등장한 것이 바로 마이크로소프트의 인터넷 익스플로러다. 마이크로소프트의 웹브라우저는 기존의 방식과 다른 새로운 방식의 개발 방법론을 취했는데, 그것이 바로 애자일 방식의 개발이다.

이 방식이 관심을 끈 이유는 개발 기간이 많이 걸렸던 기존의 단계별 방식과는 다른 방법을 취했기 때문이다. 인터넷 익스플로러 개발팀은 3개월 만에 제품을 만들고 30% 정도 완성된 알파 버전을 공개했으며, 고객의 의견을 적극적으로 수용하여 한 달 만에 다시 60% 수준으로 개발을 완료했다. 이 버전은 다시 베타 버전으로 공개되었다. 이후 2개월 정도 뒤에는 80% 완료된 두 번째 베타 버전을 출시하더니 1년도 채 되지 않아서 정식 버전을 출시하게 된다. 개발과 고객 의견 수렴이라는 반복의 프로세스를 거치며 완성된 인터넷 익스플로러는 넷스케이프를 몰아내고 시장 최고의 지위를 누리게 된다. 마이크로소프트의 이런 개발 방식은 애자일 방식의 표준이 되고 있다.

경영학에는 '탐색적 실행'이라는 전략 추진 방식이 있다. 활쏘기에 비유하자면 '준비 – 조준 – 발사'라는 단계를 거치는 것이 아니라 '준비 – 발사 – 조준'의 방식으로 우선 활을 쏘고 나서 방향을 계속 조정해 나가는 방식을 말한다. 속도가 성공을 좌우하는 시대에 우선 실행에 옮기고 계속해서 시행착오를 거치며 조정하는 형식이다. 즉 사업 전략을 경쟁자보다 먼저 실행하는 것의 중요성을 강조한 부분이다.

이런 방식은 스타트업 기업에서도 많이 쓰인다. 최소 가치 상품을 우선 만들고 알파 버전, 베타 버전으로 계속 수정해 상품을 조율하며 다시 내놓는다. 속도의 시대에 완성품까지 걸리는 시간을 단축하고, 시장의 반응을 재빠르게 반영하기 위한 방법으로 널리 쓰이고 있다.

위의 예들과 애자일 방식은 일맥 상통한다. 실행에 초점을 두어 속도를 최대한 빠르게 하는 방식이 애자일 방식이다. 그렇다면 애자일 방식은 기존의 방식과 어떤 점이 다를까?

프로젝트를 수행하는 방법 중에 '분석-설계-개발-실행-평가'라는 선형적인 수행 방법이 있다. 이를 폭포수 모형이라고도 부르는데, 이 방법은 고객이나 이해관계자의 평가가 가장 마지막에 이루어지기 때문에 개발 기간 중의 변화를 반영하지 못한다는 단점을 가지고 있다. 또한 선형상의 모델이지만 유연하지 못한 단점을 가지고 있을 뿐만 아니라 최종 평가자나 사용자의 의견을 적시에 반영하지 못해 시장 지향적인 제품 개발을 어렵게 한다는 단점이 있다.

하지만 애자일 방식은 선형적인 모델과 달리 순환형 모델을 추구한다. 설계 및 개발을 하고 이를 실행·평가한 후 다시 설계 및 개발을 지속하는 순환적인 모델이다. 이 모델은 기존의 폭포수 모형과는 달리 속도가 빠르며, 고객에게 유연하게 대응하고 고객과 이해관계자의 지속적인 평가로 실수를 줄일 수 있다는 장점을 가지고 있다. 즉 변화의 속도에 현명하게 대응할 수 있는 모델인 것이다.

애자일(Agile)이라는 단어는 '기민한', '민첩한'이라는 의미를 담고 있는데, 변화의 속도가 빠른 환경 속에서 현명한 생존을 위한 가장 적합한 키워드로 등장하고 있다.

애자일이라는 키워드의 중요성 증대와 더불어 애자일 역량 또한 현 시대를 살아가기 위해 꼭 필요한 능력으로 대두되고 있다.

최근 일고 있는 엄청난 양과 속도 변화의 소용돌이는 현대인들에게 이런 애자일 역량을 더욱더 요구하고 있다. 빠르게 실행하고, 시장의 의견을 듣고, 빠르게 수정하는 역량은 디지털 시대를 살아가는 우리들에게 필수 역량으로 자리 잡고 있다.

애자일 역량은 '복잡하고 빠르게 변화하는 환경에서 현명하고 효과적으로 행동하는 능력'이라고 정의할 수 있다. 이런 애자일 역량은 크게 네 가지 단위 역량으로 구성된다.

- 스스로를 잘 파악해 행동하고, 피드백을 적극적으로 받는 역량이다(Selt Agility).
- 타인과 공감하며, 자기 표현과 수용성을 관리하는 역량이다(Stakeholder Agility).
- 상황을 인지하고 의미 있는 목적을 파악하는 역량이다(Context Agility).
- 좋은 아이디어를 찾아내고 연결하는 역량을 말한다(Creativity Agility).

애자일 역량은 타고나는 것이 아님을 기억해야 한다. 스스로가 꾸준히 의도적으로 개발하면 되는 영역이다. 애자일 역량을 향상시키기 위해서는 기술적인 스킬보다는 학습 능력과 호기심이 중요하다. 또한 함께 창조하는 습관, 자아 성찰, 피드백과 코칭, 감성 역량 등 타인과의 관계 속에서 이루어지는 경우가 많다. 요컨대 학습 역량의 개발과 지속적인 호기심, 그리고 타인과의 적극적인 관계 형성 속에서 애자일 역량은 향상될 수 있다.

미래에 더욱 중요해지는
인문학

인문학이란 '인간의 사상과 문화를 대상으로 하는 학문 영역'을 의미한다. 이런 학문으로는 언어학, 문학, 역사학, 철학, 미학 등이 있다. 이 중에서 문학, 역사, 철학은 인문학의 대표적인 학문이라고 할 수 있다.

스티브 잡스는 "애플의 DNA에는 기술뿐 아니라 인문학이 녹아 있다. 기술과 인문학, 이 두 가지의 결합이 애플이 일련의 창의적인 제품을 만드는 비결이다"라고 말하며, 인문학을 강조하고 있다. "소크라테스와 함께 점심 한 끼 할 수 있다면 애플이 가진 모든 기술을 그것과 바꾸겠다"고도 말한 적이 있을 정도로 그는 인문학을 중시했다.

구글 전 부사장 브래들리 호로비츠(Bradley Horowitz)는 "IT 분야에서 성공하기 위해서는 인문학을 전공하는 것이 유리하다"라고 말하며, 인문학의 중요성을 피력했다.

17년 동안 디즈니의 CEO를 역임한 마이클 아이스너(Michael Eisner)는 문학 공부가 CEO 역할을 하는 데 큰 도움이 되었다고 강조하며, 문학은 사람들이 어떤 환경에서 어디로 움직이는지 이해하는 데 있어 가장 도움이 되는 학문이라고 말했다. 그렇다면 기술이 지배하는 사회에서 인문학이 강조되는 이유는 무엇일까?

첫 번째는 기술의 시대에 사람의 중요성이 더욱 강조되기 때문이다. 인문학은 사람을 연구하는 학문이다. 사람에 대한 이해는 그 어떤 역량보다 중요하다. 기술이 아무리 훌륭하다고 해도 그 기술이 사람을 향해야만 널리 활용되기 때문이다.

알렉산더 그레이엄 벨(Alexander Graham Bell)보다 전화를 먼저 발명한 사람이 있다. 필립 라이스(Philipp Reis)라는 사람이다. 그는 1861년 음악을 전송하고 음성도 제대로 전달할 수 있는 장치를 만들었다. 그러나 그는 결국 포기했다. 사람들은 전화에 별 흥미를 느끼지 않았고 구입하려는 사람은 더더욱 없었기 때문이다. 당시 사람들은 "우리는 전보만으로도 충분해"라는 태도를 보였다. 그러나 15년 뒤 라이스가 아니라 벨이 자기가 만든 전화에 특허를 내자마자 곧바로 열광적인 호응이 일어났다. 15년 사이에 전화에 대한 수용도가 달라진 것이다.

필립 라이스가 15년만 뒤에 이 기술을 내놓았다면 어땠을까? 기술이 아무리 뛰어나도 사람들의 필요 시점을 맞추지 못하면 사장되고 만다. 기술이 제대로 적용되려면 사람에 대한 이해가 중요하다. 기술을 이해하고 인문학을 통해 사람을 이해하는 것, 이 둘을 모두 잡아야 한다. 그래야만 제대로 된 서비스와 사업을 실행할 수 있다.

두 번째는 창의성의 배경에는 인문학이 자리 잡고 있기 때문이다. 1964년 쿠웨이트 항구에서 2천 톤의 배가 침몰했다. 어떻게 하면 침몰한 배를 인양할 수 있을까? 한 사람이 아이디어를 내놓았다. 탁구공만 한 공기주머니 2,200만 개를 만들어 물속에 가지고 들어가서 배 안에 집어넣는 것이었다. 실제로 그렇게 하고 나서 모두들 결과를 기다렸다. 얼마 후 배가 떠올랐다. 이 사람은 자신의 아이디어를 특허 출원하려고 했으나 거절당했다. 거절 이유는 1949년 출간된 디즈니 만화에서 도널드 덕이 탁구공으로 배를 끌어올리는 장면이 있었기 때문이다.

창의적인 해결책이 인문학에서 발견되는 경우가 많다. 인문학 중 문학의 경우 상상력 발현의 결과물이기 때문에 다양한 작가들의 다양한 시각과 인사이트를 얻을 수 있다. 또한 역사적인 사실을 통해서도 창의적인 문제 해결 관점을 취할 수 있을 것이다.

세 번째는 올바른 가치관 형성이 더욱 중요해지기 때문이다. 세상은 빨리 변하고, 디지털로 인해 인간성이 무너지고 있다. 이러한 시대에 자기 자신만의 가치관과 행복 철학의 기준을 마련하는 것이 중요하다. 또한 이런 가치관 속에서 윤리성과 함께 살아가는 가치에 대한 이해가 더욱더 중요해지고 있다.

갑질 논란, 성희롱 논란 등 윤리적 문제들이 한 사람의 인생을, 그리고 그 사람이 속한 기업의 운명을 바꾼 사례를 심심치 않게 볼 수 있다. 이런 문제를 일삼는 사람들 대부분은 올바른 가치관과 윤리의식이 없는 이들이라는 점이다.

시카고 대학은 1929년까지 40여 년간 삼류 대학이었다. 그런데 1929년 시카고 대학 총장으로 취임한 로버트 허친스(Robert Hutchins)는 오늘날 말하는 '시카고 플랜'을 시행한다. 시카고 플랜은 '철학 고전을 비롯한 세계의 위대한 고전 100권을 마스터하지 않은 학생은 졸업을 시키지 않는다'라는 취지의 인문학 교육 플랜이었다. 시카고 대학 학생들은 시카고 플랜이 발표되자 100권의 고전 철학을 읽어야만 졸업이 가능했고, 이러한 교육을 받은 졸업생들이 사회에 나가 큰 성과를 거두는 인재로 성장해 나갔다. 시카고 플랜이 시작된 1929년부터 2000년까지 졸업생들이 받은 노벨상만 73개에 이른다. 또한 시카고 플랜으로 시카고 대학은 명문으로서의 위치를 확고히 다지게 되었다.

인문학은 직업이나 단기적 성공에 직접적인 연결을 찾을 수 없다는 이유로 등한시되고 있다. 하지만 시카고 대학의 사례처럼 인문학을 교육하는 것은 장기적인 관점에서 인품과 성공을 위해 꼭 필요한 요소다.

세상이 아무리 변해도 변하지 않는 것이 있다. 인문학은 변하지 않는 학문에 해당한다. 인문학은 '왜 살아야 하는가? 어떻게 살아야 하는가?'에 대한 답을 찾는 학문이다. 더불어 인류가 탄생하면서 지속되어 온 학문이며, 사람에 관한 가장 근본적인 질문을 던지는 학문이다.

인문학은 우리에게 살아가는 이유와 방법, 그리고 함께 살아가는 사람들에 대한 이해를 돕는다. 최근 변화하는 다양한 기술들이 나무의 줄기와 가지에 해당한다면 인문학은 근본적인 뿌리에 해당한다고 할 수 있다.

이런 측면에서 인문학적 소양은 앞으로 더욱 중요해질 것이다. 기하급수적인 변화의 바람이 뿌리까지 흔들고 있지만, 거기서 살아남은 사람은 우선 뿌리를 깊게 내리고 변화를 헤쳐나가는 사람이기 때문일 것이다.

우리는 빠르게 변화하는 세상에 살고 있다. 미래에 대한 불안함은 변화의 속도로 인해 더욱 커지고 있는 것이 사실이다. 많은 사람이 이런 시대에 미래를 위해 무엇을 준비해야 하는지 고민하고 있다.

미래를 대비하기 위해 우리가 무엇을 배워야 하고 익혀야 하는지가 중요한 관심사로 대두되고 있는 것이다.

요컨대 인공지능 로봇이 아닌 사람만이 할 수 있는 역량에 집중해야 한다. 또한 인공지능 로봇과 함께 살아가는 기술과 역량을 익혀야 한다. 더불어 디지털 사회에서 데이터 리터러시와 디지털 리터러시, 그리고 애자일 역량은 기본이 될 것이다. 이런 역량을 기본으로 창조적 모험가로 성장해야 할 것이다.

이와 함께 전통적으로 강조되었던 학습과 성장 마인드, 그리고 인문학적 소양은 지속적으로 강조될 것이다. 이 중 가장 중요한 것 한 가지만 고른다면 학습과 성장 마인드일 것이다. 빠르게 변화하는 디지털 시대에는 배우려는 자와 학습을 실천하는 이들에게 더 큰 기회가 오기 때문이다. 학습과 성장 마인드는 타고난 것도 고난도 기술도 아니다. 오늘을 살아가는 나 자신의 선택이고 의지다.

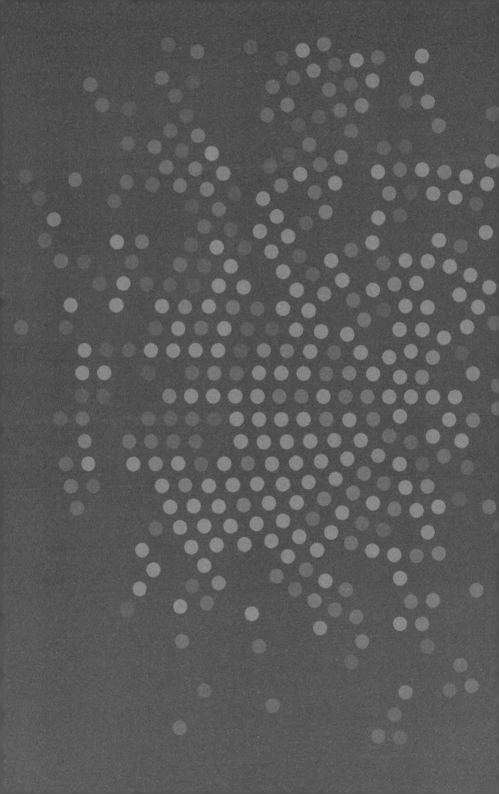

5장

EDUTECH

에듀테크의 미래:
미래 교육에서 주목해야 할 기술들

"

미래에는 컴퓨터에 기억을 저장할 수 있고, 이를 재생할 수 있을 것이다. 또한 로봇에 자신의 기억을 다운로드할 수 있을 것이다.

"

웹 기술과 동영상 기술을 활용했던 이러닝과 달리 에듀테크는 웹 기술에 더해 4차 산업혁명 기술로 대변되는 모바일, 인공지능, 클라우드, 디지털 플랫폼 기술과 결합해 발전하고 있다.

새로운 기술의 지속적인 등장은 에듀테크에 또 다른 가능성을 심어주고 있는 것이다. 새로운 기술들 중에서도 교육과 결합해 새로운 변화를 창출할 기술에는 어떤 것들이 있을까? 이번 장에서는 이 부분에 대해 살펴보고자 한다.

몰입형 교육으로 대변되는 VR과 AR 기술, 뇌과학으로 설명되는 뉴로사이언스 기술, 촉각 기술인 햅틱 러닝, 마지막으로 현실과 가상세계를 넘나드는 메타버스에 대해서도 살펴보도록 하자.

몰입형 교육이 온다:
VR & AR

학습 몰입은 교육에 있어 최대 과제 중 하나였다. '몰입-학습-성장'으로 이어지는 연결 고리를 단단하게 하기 위해 가장 우선시되는 사항은 학습에 대한 몰입이기 때문이다. VR과 AR은 학습에 있어서 몰입을 증대시키는 역할로 자리 잡고 있다.

VR과 AR의 기술적인 부분의 획기적 향상과 저변 확대는 학습 몰입을 증대시키는 대표적인 도구로써의 가능성을 확대하고 있다.

VR과 AR 기술을 교육과 결합시켜야 하는 이유는 몰입과 각인에 따른 교육 효과에 있다. VR과 AR 교육을 체험한 사람들은 몰입감이 높을 뿐만 아니라 각인 효과로 인해 학습한 내용을 오래 기억한다고 한다. 학습에 몰입하고 기억하는 데 효과가 뛰어난 것이다.

VR과 AR 기술이 교육적으로 주목받는 또 다른 이유는 확장성에 있다. 화성이나 목성에 간다든지, 중세 시대의 콜로세움을 방문하는 등 현실에서는 불가능한 영역을 가상의 공간에서 체험하게 만들 수 있다는 점이다. 또한 화재 예방이나 재난 대응 훈련 등 현실에서 훈련하기 매우 위험한 상황을 가상으로 체험하고 습득하게 할 수 있는 것도 큰 장점이다.

그렇다면 VR과 AR은 어떻게 활용되는가? 우선 VR에 대해 살펴보기로 하자. VR 교육은 크게 세 가지 형식으로 활용된다.

첫째, 체험 교육이다. 타이탄코퍼레이션(Titan Corporation)은 매우 빠른 속도로 사업 규모를 확장하면서 신입사원 채용이 급증하게 되었다. 하지만 급격한 직원의 증가는 신입사원 교육에서 다양한 업무 환경을 소개할 선배 직원들의 역할에 한계를 느끼게 되었다. 회사는 사내 업무 환경을 VR 콘텐츠로 제작해 신입사원들이 VR을 통해 업무 환경을 체험할 수 있도록 했다. VR을 통해서 업무 환경뿐만 아니라 동료들의 얼굴을 익힐 수 있도록 콘텐츠를 구성한 것이다. 신입사원들은 이를 통해 빠르게 회사에 적응할 수 있었고, 기존의 선배 직원들 또한 후배들의 업무 교육에 투입되는 시간을 줄일 수 있었다. VR 교육이 가지는 시간적, 공간적

월마트의 VR 교육

제약 극복의 요소를 최대한 활용한 부분이라 할 수 있다.

월마트는 2017년 시범 프로그램으로 현장 구성원들을 대상으로 블랙프라이데이 고객 응대에 대한 프로그램을 실시하였다. 고객 클레임에 대응하는 등 실제 시나리오를 바탕으로 제작한 VR 훈련이었다. 프로그램의 취지는 블랙프라이데이에 엄청나게 몰려오는 고객들에게 현장 구성원들이 당황하지 않고 대응할 수 있도록 사전 적응 훈련을 실시하는 것이 목적이었다. 월마트의 이러한 시도는 매우 성공적이었으며, 현재는 5,000개의 매장에 1만 7,000개의 독립형 헤드셋을 배치하여 VR 교육을 확대 시행 중에 있다.

둘째는 전문 직무 교육 또는 재난 대응 훈련에 활용되는 경우다. 밴더빌트 대학 병원은 간호사를 대상으로 초음파 검사 기기 활용 방법에 대한 교육을 진행해야 했다. 하지만 고가의 기계뿐만 아니라 교육에 들어가는 비용 또한 높았으며, 훈련 기간도 오래 걸렸다. 이에 VR 러닝을 본격적으로 도입했고 VR을 통해 초음파 검사 기기 활용 방법을 익히도록 했다. 대학은 해당 프로그램을 통해 시간과 비용을 모두 절약하는 효과를 거두었다고 발표하고 있다.

전문 직무 교육의 VR 활용은 항공과 의료 산업에서부터 출발하고 있다. 다루는 기계가 고가인데다 대상이 전문 인력이라 시간과 비용을 절감하기 위해서는 좋은 툴을 가지고 있는 VR이 활용되고 있는 것이다.

폭스바겐은 자동차 조립 방법과 협업에 있어 이론 교육을 이수한 후 감독관의 감독하에 실제 작업 장비 및 자재로 실습하는 것이 그동안의 교육 방법이었다. 하지만 실습 시 익숙하지 않은 학습자들에 의해 안전사고나 장비의 손상이 빈번하게 발생했다. 이에 폭스바겐은 VR 교육 프로그램으로의 전환을 결정했고, 차량 조립에 대한 30가지 시뮬레이션 프로그램을 개발했다. 학습자들은 실수에 대한 부담 없이 편안하게 교육을 받을 수 있게 되었고, 시간과 공간의 제약까지 극복할 수 있었다.

셋째는 VR을 통한 대면 스킬 향상 교육에 활용되는 경우다. 신시네티 소아과에서는 저소득층 자녀와 부모에게 백신 접종을 권

폭스바겐의 자동차 조립 및 협업 VR 교육

출처: https://vrscout.com/news/volkswagen-employee-training/

유하는 방법에 대한 훈련을 VR로 구현하였고, 학습 스토리가 실제 환경과 매우 비슷해 학습자의 92%에 있어 학습 효과가 매우 높다는 응답 결과를 보였다.

미국의 패스트푸드 업계 1위인 칙필레(Chick-Fil-A)는 고객서비스 담당 직원들을 대상으로 고객과의 불편한 상황에 직면했을 때 대응할 수 있는 방안을 교육해야 했다. 학습에 대한 몰입과 반복적인 훈련을 위해 직원들은 실제로 고객과 불편한 상황에 직면했을 때의 상황을 VR로 체험했다. VR을 통한 반복적인 교육을 통해 고객서비스 담당 직원들은 고객과의 불편한 상황에 직면했을 때 자신감과 평정심을 갖게 되었다.

VR 기반의 교육은 교육에 새로운 기회의 장을 열어주고 있다. 과거 비용이 많이 들거나 위험성으로 인해 불가능했던 교육과 학습 환경을 구현할 수 있기 때문이다.

VR이 가상의 공간이었다면 현실과 가상이 공존하는 공간으로 AR의 활용을 들 수 있다. AR은 증강현실을 의미한다. AR과 VR의 차이는 무엇을 기반으로 몰입도를 높이느냐에 대한 것이다. VR은 가상현실을 기반으로 몰입감을 높이는 기술을 의미하지만 AR은 현실세계를 기반으로 가상의 요소를 접목하여 몰입을 높인다. 즉 현실세계가 가상세계와 공존하는 것이다.

이러한 차이는 AR이 VR에 대하여 몇 가지 차별적인 특징을 갖고 있다는 데서도 알 수 있다. AR은 VR을 오랜 시간 사용할 때 나타날 수 있는 멀미를 극복할 수 있다. AR은 현실세계를 기반으로 학습하기 때문에 VR을 사용할 때 나타날 수 있는 인지부조화에 기인한 멀미 현상이 상대적으로 적다. 이는 학습이 대부분 오랜 기간 고도의 집중력을 필요로 하는 활동임을 감안할 때 주요한 차이점이다.

또한 AR은 고가의 HMD 장비가 필요 없다. VR의 경우 카드보드와 같은 간이형 VR 툴이 있지만, 실제 몰입형 학습을 제공하고 학습자가 가상의 환경과 상호작용하기 위해서는 고가의 HMD 장비가 필수다. 이는 VR을 도입하고자 하는 많은 기업에 장애물이 될 수밖에 없다. 하지만 AR은 기본적으로 스마트폰이나 스마트패드에 내장된 카메라를 활용해 현실세계의 특정 이미지, 태그 등을 추적하여 가상정보를 현실에 덧입혀 제공하는 것이기 때문에 고가의 장비 구입이 필요 없다. 하드웨어보다 소프트웨어의 비중이 높은 방식이기 때문이다. 이러한 까닭에 학습자들이 이미 가지고 있는 스마트폰에 증강현실 애플리케이션을 다운로드 받는 것으로도 몰입형 학습을 구현할 수 있다는 장점이 있다.

더불어 AR은 일하는 현장과 학습을 결합할 수 있는 최적의 도구다. VR이 몰입도가 높은 학습을 제공할 수는 있지만 근본적으로 가상현실에서의 학습이란 한계를 벗어날 수 없다. 하지만 증강현실은 실제 근무하는 환경에 학습 정보를 투영할 수 있기 때문에 학습과 실행의 간극을 이론적으로는 없앨 수 있다. 예를 들어 어떤 기계의 정비 매뉴얼을 학습하고자 할 때 증강현실을 활용한다고 해보자. 이때 학습자는 스마트폰 카메라로 해당 기기를 촬영하는 동시에 같은 화면에서 나타나는 증강현실 가이드에 따라 기기 정비를 수행하면 된다. 진정한 일과 학습이 결합된 모습인 것이다.

항공기 제작사인 보잉사는 자사 기술자들에게 AR 기반의 스마트 안경 기기 가이드를 통해 항공기의 배선 도면을 활용하게 했다. 과거 한 손으로는 도면을 들고 다른 손으로는 작업을 진행했지만, 스마트 안경을 통해 현실과 가상이 적절히 융화되면서 자유롭게 손을 활용할 수 있게 되었다. 또한 AR 프로그램이 배선에 대한 상세 가이드를 제공함으로써 업무에 대한 부담 또한 보완해줄 수 있도록 하였다. 이를 통해 배선 제거 시간을 25% 줄일 수 있었고 오류 비율도 제로로 만들었다.

세계 최고의 운송 및 화물 서비스 기업 DHL은 이미 현지 환경에서 모바일 AR 시스템을 사용하고 있다. DHL 직원은 웨어러블 스마트 안경을 통해 생산성은 크게 높이고 오류 비율은 줄이고 있는 것이다. AR을 통해 화물의 배송 시간, 배송 위치, 배송 시 유의사항들에 대한 정보를 보여줌으로써 작업을 쉽게 하고 오류 비율

DHL의 AR 기반 현장 적용 기술

출처 : https://jasoren.com/augmented-reality-in-the-logistics-business/

도 최소화할 수 있게 되었다.

결과적으로 AR의 경우 일과 학습의 결합에 어울리는 기술로 점차 자리 잡아 가고 있다. 현실과 가상이 겹쳐 보이면서 현실 속에서 일어나는 일들을 지원하고 있는 것이다.

VR과 AR은 최근 급속도로 교육과 접목되고 있다. VR과 AR 기술이 처음 등장했을 때 교육적으로 다양한 시도가 있었다. 하지만 최적의 조합을 찾아내는 데는 많은 시행착오가 있었던 것이 사실이다.

다양한 시도 끝에 VR과 AR은 교육과 결합하는 최적의 조합으로 정착되어 가고 있다. 5G 시대의 도래는 VR과 AR 교육의 전파 속도를 빠르게 하고 있다. 그렇다면 앞으로 교육은 왜 VR과 AR 에 집중해야 하는가?

우선, 교육 효과적인 측면에서 파급 효과가 크다는 점을 들 수 있겠다. 학습 몰입의 측면과 일과 학습의 결합이라는 측면에서 VR과 AR은 그 효과가 검증되고 있다.

또한 기술 비용이 점차 낮아지고 있다는 점이다. 초창기에는 VR과 AR을 도입하고 싶어도 높은 가격대로 접근하기가 어려웠다. 하지만 기술이 점차 보편화되면서 개발 비용은 지속적으로 낮아지고 있다. 또한 무료 혹은 저렴한 비용으로 체험이나 개발할 수 있는 서비스들이 등장하고 있다. 멀게만 느껴졌던 VR과

AR 기술이 한층 가까이 다가오고 있다.

다음으로, 교육의 확장성이 크다는 것이다. VR과 AR은 그동안 교육에서 불가능했던 부분을 실현해 보여주고 있다. 우리는 수업 중에 VR을 통해 만리장성을 탐험할 수 있으며, 깊은 바다 속 물고기들도 만날 수 있다. 또한 AR을 통해 경복궁에 살았던 위인들을 불러낼 수 있고, 교실에서 첨성대를 볼 수도 있다. VR과 AR은 교사들에게 마법을 부릴 수 있도록 해주는 것이다.

마지막으로, 재미와 몰입이 크다는 점이다. VR과 AR을 통해 학습하면 학생들이 주도적으로 다가갈 수 있기 때문에 학습에 대한 몰입 효과가 크다. 또한 신기한 콘텐츠들을 통해 다양한 재미와 흥미를 느낄 수 있다.

요약해서 말하자면 VR이나 AR 교육은 효과성과 확장성, 그리고 재미와 몰입을 더할 수 있다. 또한 그 비용도 점차 낮아지고 있다. 이런 점들을 바탕으로 앞으로 교사는 VR과 AR의 교육적 활용에 주목해야 할 것이다.

알약 하나로 수학을 마스터하다: 뉴로사이언스가 만들어 갈 교육의 변화

어려운 수학을 1년 내내 공부하는 것이 아니라, 알약 하나로 중학교 1학년 수학을 마스터할 수 있다면 어떨까? 먼 미래 또는 공상 과학 영화에서나 볼 수 있을 법한 이야기들이다. 하지만 이를 실현하기 위한 기초 연구들이 뇌과학 또는 뉴로사이언스라는 영역으로 조금씩 발전해 나가고 있다.

뉴로사이언스(Neuroscience)란 '신경[의](Neuro)'과 '과학(Science)'의 합성어로, 동물 및 인간의 신경계를 연구함으로써 동물 및 인간의 인지 과정과 행동 원리를 규명하고자 하는 학문을 의미한다. 뇌과학보다는 큰 의미이지만 동의어처럼 쓰이기도 한다.

뇌의 역할에 대해서는 인류 역사에서 많은 논쟁이 있어 왔다.

생각이라는 기능이 뇌에 있다는 추측은 많았으나 과학적으로 입증된 것은 최근의 일이다. 1848년 미국의 한 철도회사 노동자 게이지는 쇠막대기가 뇌를 관통하는 사고를 당했다. 사고 이후 그는 다행히 생명에는 지장이 없었으나 과거 성실하고 예의 바른 성격에서 화를 자주 내고 참을성이 없는 무책임한 사람으로 변해버렸다. 이를 연구한 연구진은 해당 노동자의 전두엽 부분이 손상되었고, 뇌의 전두엽 부분이 판단과 이성을 담당한다는 사실을 알게 되었다.

1861년 프랑스의 외과의사 피에르 폴 브로카(Pierre Paul Broca) 또한 치료를 하다가 뇌의 비밀을 발견한다. 말하기를 담당하는 뇌의 부위가 따로 있다는 사실이었다. 말은 알아듣지만 똑같은 말만 반복하는 환자의 왼쪽 귀 뒤에 있는 뇌가 손상된 사실을 알게 된 것이다. 이후 연구들은 말하기에 문제가 있는 사람들은 뇌의 왼쪽 옆에 있는 브로카 영역(Broca's area)이 손상되어 있다는 사실을 밝혀낸다.

이후 뇌에 대한 관심은 지속적으로 증대되었다. 최근에는 과학기술의 발전으로 MRI나 EGG(뇌파 측정기) 등 최신 기술을 통해 뇌의 비밀을 체계적으로 밝혀내고 있다.

테슬라의 CEO 일론 머스크는 2016년 생명공학 스타트업인 뉴럴링크(Neuralink)를 설립해 본격적인 뉴로사이언스에 대한 연구와 기술을 개발하기 시작했다. 그는 "미래에는 컴퓨터에 기억을 저장할 수 있고, 이를 재생할 수 있을 것이다. 또한 로봇에 자신의 기억을 다운로드할 수도 있을 것이다"라고 말하며 뉴로사이언스 기술에 대한 전망을 밝혔다.

2020년 그는 뇌에 컴퓨터 칩을 심은 돼지 '거트루드'를 공개했다. 이를 통해 돼지 뇌의 뇌파를 실시간으로 측정해 다양한 연구를 진행하고 있다. 또한 2021년에는 원숭이에 컴퓨터 칩을 심어 뇌파로 게임을 할 수 있도록 하는 기술을 개발하고 있다. 그는 2024년에는 사람의 뇌에 컴퓨터 칩을 심겠다고 발표했다.

많은 과학자들과 전문가들은 "먼 미래의 이야기다", "사람에게

뇌에 칩을 넣은 돼지 거트루드와 뇌파 측정 모습

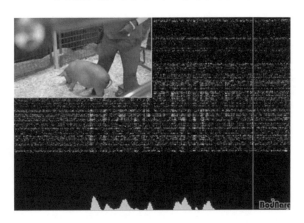

출처 : https://www.bodnara.co.kr/bbs/article.html?num=165270

칩을 심는 데는 법안이나 사회적 합의 등 기술 외에도 어려움이 있을 것이다"라며 일론 머스크의 행보에 다소 회의적인 것이 사실이다.

하지만 뉴로사이언스 분야가 미래의 핵심 기술인 것만은 분명해 보인다. 2013년 미국의 버락 오바마 대통령은 브레인 이니셔티브(BRAIN Initiative)를 출범시키며 10년 동안 3조 5천억 원을 지원한다고 발표했다. 유럽연합 역시 같은 해에 휴먼 브레인 프로젝트(Human-Brain Project)를 시작해 10년간 1조 8천억 원의 연구비를 책정·추진하고 있다. 세계 각국에서 뉴로사이언스를 미래의 핵심 기술로 보고 기초 연구와 기술 개발에 막대한 비용을 투자하고 있다.

그렇다면 뉴로사이언스는 교육을 어떻게 바꿔 나갈 수 있을까? 알약이나 컴퓨터 칩으로 학습을 마스터하기까지는 아직 많은 시간이 소요될 것으로 예상하고 있다. 하지만 최근 뉴로사이언스의 발전은 교육에도 다양하게 활용되고 있는 것이 사실이다.

뉴로사이언스의 교육 분야 활용

교육에서 뉴로사이언스가 주로 활용되는 분야는 교수 설계 차원에서다. 크게 네 분야에서 활용되는데, 학습 동기부여, 학습 몰입, 학습 기억, 맞춤형 학습 부분이 그것이다. 예를 들면 뉴로사이언스를 통해 밝혀진 사항들은 다음과 같다. "학습자들이 몰입할 수 있는 최장 시간은 20분이다", "학습자들은 학습 내용의 90%를 일주일 안에 망각한다."

뉴로사이언스가 밝혀낸 사실들을 활용해 교수 설계 시 학습 시간은 20분으로 설계하고, 일주일 내에 복습할 수 있는 시간과 요소를 편성하는 방법으로 교육 프로그램을 구성하는 것이다. 이와 같이 뉴로사이언스를 통해 뇌의 학습과 기억의 비밀들이 하나둘씩 밝혀지고 있다. 이런 요소들이 반영되는 교육은 그 효과성을 더욱 높여갈 것이다. 더불어 이런 시도들이 지속적으로 실행되고 있다.

신경경제학자 폴 잭(Paul Zak) 교수는 2018년 ATD ICE 컨퍼런스 세션 '신뢰의 뇌과학: 성과를 향상하기 위한 조직 문화 및 행동 변화의 퍼실리테이션'에서 조직 신뢰도에 있어서 뇌과학을 활용한 사례를 발표했다. 그는 실제 조직 내 신뢰를 향상시키는 데 영향을 미치는 요인들을 분류하여 가중치를 적용, 객관적 수치로 나타냈다.

- 뜻밖의 상황에서 대중적으로 성과를 인정한다(조직 신뢰도와 61% 관련성).
- 구체적인 목표를 설정하고 그에 따른 도전을 유도한다(조직 신뢰

도와 72% 관련성).

- 적절한 권한위임과 함께 실패를 통한 학습을 인정한다(조직 신뢰도와 57% 관련성).
- 동료와 함께 일하길 자청하며 그들에게 에너지와 도움을 준다(조직 신뢰도와 54% 관련성).
- 커뮤니케이션을 중요하게 여기고 항상 내가 그것을 왜 하려는지 이야기한다(조직 신뢰도와 63% 관련성).
- 다른 사람의 감정을 이해하고 나의 감정을 솔직하게 표현한다(조직 신뢰도와 45% 관련성).
- 성장 가능성을 보고 미래를 위해 투자한다(조직 신뢰도와 45% 관련성).
- 도움을 요청하길 꺼리지 말아야 한다(조직 신뢰도와 43% 관련성).

위와 같이 리더의 행동이 조직 신뢰도를 향상시킬 수 있는 연계성을 과학적 수치로 나타냈다. 즉 과학적 근거를 토대로 조직 개발을 위한 구체적인 행동 지침을 도출해낼 수 있었다.

뉴로사이언스는 조직 개발, 학습 효과, 학습 몰입 등 다양한 교육의 영역으로 확장되고 있다. 그렇다면 이러한 뉴로사이언스의 발전이 앞으로 교육 분야에서 어떤 일들을 가능하게 할 것인가?

우선, 인공지능을 능가하는 고도화된 맞춤형 학습이 가능할 것이다. 인공지능이 작동하는 빅데이터의 경우 나만의 데이터가 아니라 대중에게서 모은 데이터다. 따라서 데이터의 평균에 따라 평균적인 관점에서 나에게 맞춤형 학습을 제공한다. 뉴로사이언스가 발전하게 되면 나만의 뇌 정보에 따른 맞춤형 학습을 제공하게 될 것이다. 즉 더욱 최적화된 나만의 학습이 가능해진다는 것이다.

홍길동은 시각적 정보에 뇌가 더욱 빠르게 반응해 음성 콘텐츠보다는 이미지 콘텐츠로 교육을 설계한다. 김바다는 학습에 대한 집중도가 타인에 비해 낮아서 5~7분 정도 콘텐츠 구성이 적절하다. 한아름은 아침에 이성적인 뇌가 빠르게 반응해 오전 시간에 수학 수업을 진행하는 것이 효율적이다.

뉴로사이언스는 이와 같은 방식으로 보다 개인화된 학습을 설계하고 진행할 수 있게 될 것이다.

또한 뉴로사이언스는 배움의 비밀들을 하나씩 풀어 나갈 수 있을 것이다. 교육학에서는 수많은 연구가 진행되고 있으며 또한 풀어야 할 과제들이 많다. 하지만 이런 부분의 과학적 검증이 많이 부족한 것이 사실이다. 뉴로사이언스의 발전은 교육에서 풀어야 할 과제들을 하나둘씩 풀어 나갈 것이다.

'배우고 기억하는 과정은 어떻게 이루어지는가?'의 연구를 통해 우리는 배운 것을 보다 효과적으로 기억하는 학습 방식을 만들어 갈 것이다. 또한 학습 몰입의 원리를 뉴로사이언스 연구를 통해 풀어 가면서, 어떤 환경에서 어떤 시간에 어떤 대상에게 보다 학습 몰입을 가능하게 할 수 있을지에 대해 발전적 결과물을 도출할 수 있을 것이다.

마지막으로, 인간의 뇌와 컴퓨터의 연결이라는 부분이 가져올 변화다. 일론 머스크의 원숭이, 돼지 등의 연구를 통해 알 수 있듯이 뇌와 컴퓨터를 연결하려는 연구들이 진행되고 있다. 이런 부분이 급격하게 발전한다면, 인간에게 학습을 심거나 학습한 내용을 따로 컴퓨터에 저장하는 일이 가능해질 수 있다. 물론 먼 미래의 일일 것이다.

갑작스런 자동차 사고로 자동차가 심하게 파손되었다면 컴퓨터에 있는 자동차 정비 교육 내용을 뇌에 이식시켜 자동차 정비를 완료하는 것이 가능할 것이다. 또한 해외 컨퍼런스에서 배웠던 내용들을 동료들에게 전달해야 할 때, 자신의 학습에 대한 기억을 컴퓨터에서 다운로드 받아 전달할 수 있게 될 수도 있다.

뉴로사이언스는 가까운 미래 혹은 먼 미래에 교육에 큰 변화를 가져올 것이다. 보다 효과적인 교육과 상상 그 이상의 교육을 우리에게 가져다줄 기술임에는 분명하다. 미국의 심리학자 스티븐 핑커 교수는 "인간의 두뇌는 정교한 기계 장치다"라고 말했다. 이 정교한 기계의 비밀이 벗겨질수록 뉴로사이언스는 전혀 다른 교육 세계를 우리에게 보여줄 것이다.

장갑 하나만으로
나도 이제 피아니스트:
햅틱 러닝의 발달

햅틱(Haptic)은 '촉각의'라는 형용사다. 햅틱이라는 단어의 어원은 '잡을 수 있는'이라는 뜻의 합티코스(Hapticos)에서 찾을 수 있다. 햅틱 기술은 우리 일상 속에 이미 자리 잡고 있다. 문자 메시지가 왔을 때의 짧은 진동이라든지, 게임을 하면서 총을 쏠 때 느끼는 떨림 등이 바로 햅틱 기술에 해당된다.

다음의 그림은 패시브 햅틱 러닝(Passive Haptic Learning) 장갑이다. 학습자는 해당 장갑만 착용하고 있으면 피아노 멜로디 연주를 배울 수 있다. 피아노가 연주될 때 건반에 해당되는 손가락에 일정한 자극을 보내 근육 기억을 통해 이를 기억하게 만드는 방식이다. MP3 플레이어가 노래의 각 음을 들려줄 때 장갑은 해당 피

출처 : https://www.semanticscholar.org/paper/Towards-Passive-Haptic-Learning-of-piano-songs-Seim-Estes/d8cad218378a37ce44c16bb9326a45f830c42491

아노 건반에 해당하는 손가락을 두드린다. 테스트에서 학습자는 장갑을 착용하고 있는 것만으로도 30분 만에 〈Amazing Grace〉와 같은 간단한 노래의 45개 음표를 배울 수 있었다.

조지아 공과대학 연구원인 태드 스타너(Thad Starner)와 케이틀린 세임(Caitlyn Seim)은 햅틱 기술을 피아노 연주에만 적용하는 것에 멈추지 않았다.

그들은 시각 장애인 중 10%만이 점자를 읽을 수 있다는 사실에 주목했다. 그리고 점자 교육에 4개월이나 소요된다는 사실 또한 알게 된다. 그들은 햅틱 기술을 활용해 장갑을 착용하는 것만으로도 점자를 배울 수 있도록 했다. 이 장갑을 착용한 학습자들은 단 4시간 만에 점자 알파벳의 94%를 익힐 수 있었다.

이들의 도전은 계속되고 있다. 햅틱 기술을 활용한 재활 훈련 연구도 지속하고 있다. 척추 손상으로 사지가 마비된 환자의 감각을 회복하는 훈련에도 햅틱 기술을 적용해 재활을 돕고 있다. 장갑을 착용한 8주간의 교육 기간 후 연구원들은 여러 환자의 감각과 능력이 현저하게 개선되었음을 발견했다.

핵틱 기술의 발전은 다양한 분야의 실습 교육에 활용되고 있으며, 그 가능성 또한 높아지고 있다. 외과 의사의 수술 훈련이라든지 소방관의 화재 진압 훈련 등이 그것이다. 핵틱 기술은 촉각 및 운동 감각과 관련된 교육 및 훈련에 빠르게 적용될 것이다.

핵틱 기술이 교육적 툴로 주목받는 또 하나의 이유는 VR이나 AR과의 결합이다. VR과 AR은 시각과 청각의 기술을 활용한다. 여기에 핵틱 기술이 가미되면 촉각까지 그 영역을 확대해 더욱 실감나는 가상현실 교육을 만들 수 있다.

테슬라 수트(Teslasuit)는 몸 전체에 핵틱 피드백을 보낼 수 있다. 몸 전체에 64개의 핵틱 포인트가 있어 깃털처럼 가벼운 터치

핵틱 기술이 반영된 테슬라 수트

에서 강한 타격까지의 감각을 느낄 수 있다. 모든 기능이 무선으로 가능해 그 활용성이나 이동성 측면에서 강점을 가지고 있으며, 세탁 또한 가능하다.

테슬라 수트는 VR이나 AR 교육을 훨씬 현실감 있게 만들어준다. 소방관이 VR 기계를 착용하고 화재 진압 훈련을 하는 것과 VR과 햅틱 수트를 동시에 착용하고 훈련하는 것은 그 효과나 몰입도 면에서 차이가 있다. VR 헤드셋을 착용한 채 화염에 가까워지면 뜨거움을 느끼고 떨어지는 물체에 맞으면 아픔을 느낄 수 있다면 훈련의 몰입감과 효과는 극대화될 것이다.

시각과 청각에, 촉각까지 확장할 수 있는 기술이 바로 햅틱 기술이다. 앞으로 실습 교육, 전문 직무 교육, 실험실 등 다양한 분야로 확장될 이 기술에 우리 교사들은 주목해야 할 것이다.

초가상의 세계가 온다: 메타버스

제임스는 메타버스를 통해 적극적으로 공부하는 학생이다. 그는 고등학교 교사가 되기 위해 준비하고 있다. 월요일 오전에는 하버드 대학의 가상공간에서 교육학 수업을 듣고, 오후에는 현실 공간인 한양대에서 에듀테크 관련 실습 교육을 받는다. 등굣길에는 AR 캐릭터와 대화하며 영어 단어를 암기한다. 수업을 마치고 하굣길에는 SNS를 통해 수업 내용을 다른 사람들과 공유한다. 집에 돌아와서는 VR을 통해 가상공간의 다양한 사람들과 스피치 훈련을 함께한다. 메타버스로 확장된 미래 사회 교육의 한 단면을 상상해본 것이다.

메타버스란 가상·초월을 의미하는 'Meta'와 세계·우주를 의미하는 'Universe'의 합성어다. 현실과 가상공간이 완전히 결합한 초연결 디지털 세계로 시간과 공간의 제약 없이 극도의 몰입감과 현장감을 제공하는 환경을 의미한다.

미국의 비영리 기술 연구 단체인 ASF(Acceleration Studies Foundation)는 〈메타버스의 기술 로드맵 개요(Metaverse Roadmap Overview)〉라는 리포트를 통해 "메타버스는 융합이다. 메타버스는 가상적으로 확장된 물리적 현실과 가상공간의 융합이다. 그리고 이용자가 그것을 경험할 때는 동시에 혼재되어 나타난다"라고 말하고 있다. 더불어 ASF는 크게 메타버스를 네 가지 요소로 나누어 설명하고 있으며, 이에 대한 내용을 살펴보면 다음과 같다.

첫째, 가상세계는 기존에 많이 활용되던 게임이나 엔터테인먼트 공간에서 일하고, 교육하고, 쇼핑하고, 데이트하는 등의 생활형 가상세계로 진화해 나가고 있다. 세컨드 라이프는 3D 온라인 커뮤니티 서비스로, 사용자들에게 현실의 삶과 다른 제2의 삶을 가상세계에서 펼칠 수 있도록 해준다. 과거 우리나라에서 크게 인기를 끈 싸이월드 또한 가상세계의 대표적인 예라 할 수 있다.

둘째, 거울세계는 현실세계를 반영한 가상세계다. 구글의 구글 어스가 대표적인 예라 할 수 있다. 현실의 정보들을 가상세계에 그대로 옮겨 놓은 세상이라고 할 수 있다. 카카오 로드맵의 로드뷰 또한 거울세계의 한 예다.

셋째, 증강현실은 현실세계에 인위적인 컴퓨터 그래픽 영상을 삽입하여 현실세계와 가상세계를 혼합하는 것이다. 이를 통해 현실에 대한 인간의 감각을 확장시킨다. 포켓몬 GO가 대표적인 증강현실 기반의 게임이라고 할 수 있다.

마지막으로, 라이프로깅은 사람과 사물의 일상적인 경험과 정보를 저장하고 기록하는 세상이다. 블로그나 페이스북, 인스타그램 등의 SNS가 대표적인 예라 할 수 있다.

메타버스는 앞에서 설명한 네 가지 요소 각각을 말하는 것이 아니라 각 요소들이 결합하여 발전하고 있는 것이다. 가상세계인 세컨드라이프의 캡처 사진을 라이프로깅인 블로그에 공유하고, 증강현실인 포켓몬 GO의 희귀 아이템이 있는 지역으로 가기 위해 거울세계인 카카오 로드맵을 보면서 찾아간다.

이런 형식으로 다양하게 융합되고 결합되어 현실세계를 확장해 나가는 것이 메타버스다. 그렇다면 메타버스의 세계는 교육에 어떠한 영향을 미칠 것인가? 이 부분은 크게 다음의 세 가지로 살펴볼 수 있다.

먼저 메타버스는 학습 경험 공간의 확장에 영향을 줄 수 있다. 디지털 시대의 학습자들은 다양한 학습 경험을 한다. 과거 오프라인 수업에서만 학습할 수 있었던 시대와는 달리 지금은 유튜브,

블로그, 트위터, VR 학습, 게임 러닝 등 다양한 학습 경험을 통해 성장한다. 메타버스는 이런 다양한 학습 경험의 통로를 보다 확장할 것이다.

유튜브로 학습하고, VR로 실습하고, 가상세계에서 역량 아이템을 획득해 성장을 촉진하고 관리한다. 현실에서는 동료들과 토론 학습을 진행하고, 이에 대한 복습과 피드백은 SNS에서 공유한다.

현실과 가상, 온라인과 오프라인이 유기적으로 연결된 환경에서 학습자들은 학습하고 성장해 나갈 것이다. 또한 교육 기관들은 현실의 강의실 및 디지털 러닝 플랫폼에 이어 메타버스 공간으로 교육 서비스의 공간을 넓혀갈 것이며, 메타버스의 공간은 새로운 경쟁의 각축장이 될 것이다.

다음으로 메타버스는 현실과 가상세계를 넘나드는 교육의 확장에 영향을 줄 것이다. 영국 PwC사의 경력 개발 프로세스는 채용 과정에 도입해 게임 기반으로 테스트(모바일, 온라인 접속)를 하는 프로그램이다. 게임에 참여하는 과정에서 3,000여 개의 데이터를 수집하고, 이를 통해 수리적 추론, 논리적 추론, 인지 능력에 대한 행동을 평가한다. 테스트 종료 후에는 수행 방법을 요약한 보고서를 생성하여 채용 여부와 부서 배치에 참고한다.

게임을 하면서 쌓이는 데이터를 통해 역량을 종합적으로 평가하는 프로그램인 것이다. 현실세계에서 필요한 역량을 가상세계인 게임을 통해 평가하고 다시 현실세계의 채용과 배치에 반영하는 사례라 할 수 있다.

마지막으로 메타버스는 가상세계 및 VR이나 AR의 교육적 확장을 가속화할 것이다. 메타버스의 일반화로 인해 VR과 AR이 더욱 친숙해진 환경으로 다가오고 있다. 이런 흐름은 그동안 일부에서만 활용되던 VR과 AR 교육을 더욱 가속화시킬 것이다.

그동안 VR과 AR은 기술에 대한 기대에 비해 교육적으로 많이 활용되지 못했다. 하지만 메타버스라는 새로운 지구의 등장은 VR과 AR이 교육에 보다 많은 역할을 하게 될 것을 예고하고 있다.

에듀테크 시대,
변하는 것과 변하지 않는 것

중세 유럽을 뒤덮었던 흑사병은 유럽 인구의 약 3분의 1가량의 생명을 앗아갔다. 흑사병 이후의 중요한 변화는 인간의 생각과 태도에 많은 변화를 주었다는 것이다. 중세 시대를 이끌던 종교적 세계관에서 벗어나 인간의 본질에 대해 생각하게 만들었다.

이 시점을 기점으로 철학자들은 인간의 본질에 대해 말하기 시작했으며, 화가들의 그림은 종교적 그림보다는 인간 본연의 모습을 그리기 시작했다. 인구가 부족하다 보니 농노들의 위상이 높아져 귀족에게만 있었던 부를 점차 잠식하며 그 위상을 높여갔다.

이런 사고와 문화, 경제적 재편은 르네상스 및 종교개혁으로 이어져 문명의 대전환을 맞게 되었다.

코로나19는 흑사병의 역사적 사실을 반추해볼 때 우리 시대의 사고와 생활 패턴을 가파르게 재편하고 있다. 새로운 표준인 뉴 노멀(New Normal)의 시대가 열리고 있는 것이다.

교육 또한 그 변화의 중심에 서 있다. 하버드 대학 경제학자 클라우디아 골딘(Claudia Goldin)은 동료 연구원과 함께 '교육과 기술의 경주'라는 이론을 발표한다. 미국의 임금 구조 변화에 대해 연구하면서 제시한 내용이다. 교육이 기술과의 경주에서 뒤처지면 불평등이 심해지고, 교육이 기술과의 경주에서 앞서 나가면 사회 변화에 효과적으로 대처할 수 있다는 내용이다. 미국이 20세기 초부터 모든 이들에게 초·중등 교육을 무상으로 제공했을 때, 즉 교육이 기술보다 앞서 있을 때 미국의 생산성은 15% 향상했다. 하지만 20세기 후반에는 교육이 기술을 쫓아가지 못하면서 불평등이 심화되었다는 내용이 골자다.

큰 변화 속에서 사회와 경제가 튼튼하게 나아가려면 교육이 먼저 변화하고 선도해야 함을 의미한다.

코로나19라는 급격한 변화는 기존의 판을 뒤흔들고 있다. 이런 시기는 누구에게는 위기이고 누군가에게는 기회가 될 것이다.

우리 교육은 지금의 상황을 직시하고 이 상황을 새로운 도약의 기회로 삼는 계기로 만들어야 한다.

유대인들이 세운 국가 이스라엘의 국기를 보면 중심에 육각형의 별이 있다. 다윗의 별이라 불리는 이 문양은 2개의 삼각형으로 구성된다. 바로 서 있는 삼각형과 뒤집혀 있는 삼각형이 그것이다. 이 둘의 의미는 똑바로 놓여 있는 것은 변하지 않는 것이고, 거꾸로 놓여 있는 것은 변하는 것이다.

유대인을 가장 경쟁력 있는 민족으로 만든 것 중 하나가 국기에서 보여주듯이 변하는 것과 변하지 않는 것을 잘 조화시켜 나가는 힘이라고 한다.

에듀테크 시대, 교육 또한 마찬가지다. 변하는 것과 변하지 않는 것의 조화가 무엇보다 중요하다.

우리는 책에서 변하는 것에 대해 살펴보았다. 교육 패러다임의 변화, 교사의 역할 변화, 교육 방법의 변화, 교육 내용의 변화, 에듀테크의 미래 등이 그것이다.

이러한 변화 속에서도 변하지 않는 것이 있다. 앞으로는 변하지 않는 것을 지키면서 변화를 받아들이는 것이 중요하다.

변하지 않는 것으로 우리가 주목해야 하는 것은 교육이 먼저라는 것이다.

에듀테크는 현재 존재하는 교육의 대체재가 아니다. 현재 교육의 모습을 더욱 발전시키는 보완재다. 즉 지금의 교육을 보완하고 더 좋은 교육을 향해 나가는 매우 훌륭한 도구라는 것을 기억해야 한다.

에듀테크라는 단어에서 볼 수 있듯이 'Edu'의 교육이 먼저이고, 'Tech'는 이를 뒤따르는 것이다. 에듀테크를 실행함에 있어서 교육이 항상 먼저임을 상기해야 할 것이다.

더불어 교육 목적을 잊어서는 안 된다.

'스탠퍼드 2025'는 스탠퍼드 대학이 디지털 시대의 변화를 선도하기 위해 제시한 대학 혁신 프로그램의 청사진이다. 여기에서 제시하는 스탠퍼드 대학의 2025년 모습은 새로운 미래에 적합한 대학의 모습이 있다. 대학생뿐만 아니라 생애주기 전반에 걸쳐 언제든 학습할 수 있는 '열린 대학'을 지향한다. 뿐만 아니라 전공 중심이 아닌 역량 중심의 내용을 담는 수업을 지향하고 있다. 또한 지금의 일방향 수업이 아닌 맞춤형 학습을 지향한다. 마지막으로 전공이 아니라 사명과 의미를 찾는 목적 중심 학습을 추구한다고 설명하고 있다.

여기서 주목하고자 하는 목적 중심 학습이란 학습의 목표와 교육의 목적을 명확히 하는 것을 의미한다. 교육 그 자체가 목적이 되기보다는 궁극적인 학습자의 성장과 세상에 의미 있는 기여를 할 수 있는 교육의 목적을 명확히 하는 것이 중요하다는 것이다.

간혹 우리는 이 교육을 왜 하는가에 대해 잊어버리는 경우가 있다. 구성원들의 화장실 사용이 더럽다고 생각하는 기업 총수의 지시로 전 사원들에게 화장실 청결 교육을 시킨 사례를 들은 적이 있다. 이 문제는 교육이 아닌 화장실에 휴지통을 설치하는 것으로 해결되었다는 후일담 또한 들은 기억이 있다. 즉 화장실의 청결이라는 목적을 달성하기 위해 교육은 효과적인 방법이 아니었다.

에듀테크의 시대, 우리는 근본적인 교육의 목적을 항상 염두에 두어야 하고, 이를 추구하는 데 흔들림이 없어야 할 것이다.

마지막으로, 학습자의 성장 잠재력을 믿어야 한다.

루트비히 판 베토벤은 어린 시절 음악 선생님으로부터 재능이 없다는 평을 들었다. 실제로 그 선생은 베토벤에 대해 "작곡가로서 그는 전혀 희망이 없었다"고 말했다. 월트 디즈니는 젊은 시절 "당신은 창의적이거나 독창적인 아이디어가 전혀 없다"는 평을 들었다고 한다. 알베르트 아인슈타인은 13세 때 교장 선생님으로부터 "너는 절대로 제대로 자라지 못할 거다"라는 가혹한 말을 들었다. 토마스 에디슨은 어린 시절 교사로부터 "너무 바보 같아서 가르칠 수 없다"는 말을 들었다.

교육은 가르치는 것이 아니다. 다양한 인간의 잠재력을 끌어내는 일이다.

교육을 의미하는 영어 단어 'Education'의 어원 또한 그리스어 'educare'에서 유래했으며, 'e(밖으로) + ducare(끌어내다)'의 합성어다. 즉 사람의 재능을 밖으로 끌어낸다는 의미다.

교사로서의 역할은 단순히 관리하고 가르치는 것만을 의미하는 것은 아닐 것이다. 학습자와 아이들 개개인의 잠재력을 끌어내고 이를 성장시켜 그들이 원하는 목표로 이끄는 것이 진정한 교육의 역할이다.

알베르트 아인슈타인은 "모든 사람은 천재다. 하지만 당신이 나무를 오르는 능력으로 물고기를 판단하면, 물고기는 한평생 자신을 바보라고 믿으며 살 것이다"라고 말하며 사람들의 잠재력을 중시해야 함을 강조했다.

많은 사람들이 급변하는 시대라 이야기한다. 교육 또한 크게 변화하고 있다. 에듀테크는 그 변화를 올바르게 이끄는 훌륭한 도구가 될 것이다. 우리 교육은 한 손에는 변하지 않는 교육의 가치를 지키고, 다른 손으로는 에듀테크라는 훌륭한 무기를 활용해 지금의 교육을 더욱 발전시켜 나가야 할 것이다.